天平芸術の工房

武者小路穣

法蔵館文庫

本書は一九八一年、教育社より刊行された。

はじめに

近年、中国の陝西省で秦の始皇帝の陵墓の近くから、多数の兵馬の俑《よう》が発見された。俑というと、墓中に副葬する土偶だから、ふつうはあまり大きなものはなく、等身に及ぶのはめずらしいが、この俑の人物はいずれも二メートル近く、馬も実物大である。しかも、あたかも実戦の大部隊を見るごとく、士官の指揮下に各種兵器を持った兵士が数列の隊伍を組み、車馬をまじえて延々と並んでいる。先頭の一部を試掘しただけでもその量は数百にのぼり、全容はまだ調査継続中である。その二、三はかつて日本にもたらされて展示されたが、その大きさと数量に圧倒されたばかりでなく、すばらしい造形の写実性には眼を見はる思いがした。それまで秦よりは時代のさがる漢・魏の俑を見て、その古拙なところに眼をひかれ、中国古代の立体造形を考えていたのが、一挙に打ちくだかれたのである。

まさにあの広大な中国全土をはじめて統一し、絶大な集中的権力を確立した秦の始皇帝だからこそ、自分の死後の世界の守備軍として、この質量ともに驚嘆すべき兵馬俑を造らせることができたのだろう。この兵馬俑を造らせた秦の始皇帝については、『史記』『漢書』などの史書や、泰山《たいざん》その他の巡幸地に建てさせた石碑、各地に度量衡の基準として頒布した枡や錘の刻銘などから、その人物の大体をうかがうことができる。だが、このすばらしい多数の兵馬俑を造った人々については、もどかしいことだがほとんど何も知るすべがない。たしかに現代の中国の研究報告が指摘するとおり、「古代労働人民の英知と芸術的創造力」の成果ということは、抽象的には正しいとしても、秦の世の工人たちがどのように組織され、どのようにあつかわれ、どのような過程でこの兵馬俑を造ったのか、具体的なことは一つもわからない。

考えてみれば、古代の芸術創造のばあい、ギリシアという特殊な例を除いては、その背景・基盤となるのは多く巨大な国家権力である。そして、その権力の構造や権力者の動向については、権力自身の書き残した記録によってかなりの程度知ることができる。しかし、その芸術創造に直接たずさわった人々については、権力が強大であればあるほど、それへの従属の度が強く、当時においては小さな存在でしかなかった。そのため、ふつうは始皇帝の兵馬俑の例のごとく、その名はもとより、かれらの生活を伝えるものは何もなく、残された作品そのものから考えるより他はない。とはいっても、今日われわれの見る作品の質の高さからいって、これはなんとも惜しいような気がする。

日本の古代においても、それはほぼ同様である。昨年（一九八〇）屋根瓦の大修理を終えた東大寺の大仏殿についていえば、八世紀の当初においては今よりはるかにすぐれた大仏と大仏殿が造られていたわけで、今日の科学技術をもってしても完全に復原することのできないというのはふしぎでさえある。この東大寺に代表されるように、天平の名でよばれる八世紀の芸術の質の高さは誰しも認めるところであり、それに関する図録・解説・研究はおびただしいものがあるが、その創造のふしぎさを解くことは容易ではない。だが、それが容易でないだけに、そのなぞに迫ってみたいという思いにかられることも事実である。落慶法要を伝えるテレビでも、一部でそのなぞを探ろうとする試みのあったのはむりもない。ただ幸いなことに、日本ではわずかながらそのころの工人の生活を伝える記録の断片が残っている。そこで、本書ではその断片をよせ集めることで、古代の芸術創造に参与した工人たちの姿を組み立ててみようと考えた。もちろん、それはまだおぼろげなものにすぎないが、読者がこれを手がかりにして鮮明な映像を描きだしていただければと願うものである。

著者

目次

天平芸術の工房

概観　古代国家の工人たち

奈良七重七堂伽藍八重桜

芭蕉のこの句にもうかがえるように、〝奈良〟とか〝天平〟とかいうことばのうちには、歴史の年輪をかさねた古き都、古き時代ということばかりでなく、何とはなしに花やいだ面影が感じられる。八世紀の天平のころの貴族も、遠く赴任した九州から奈良の都をしのんで、

　青丹《あおに》よし奈良の都は咲く花の匂ふがごとくいまさかりなり

とうたいあげている。注釈書によれば、アオニは顔料にする青土《あおに》で、このあたりで良い青土が採れたので奈良の枕詞になったのだという。だが、『万葉集』のこの和歌には、すでに語源を離れて、青や丹（赤色顔料）の色美しいという意味合いがあるようにも思われる。

私などには、「青丹吉《あおによし》」という文字に、絵画を意味する漢語の「丹青」が重なりあって、絵のように美しいという語感さえともなってひびいてくる。

奈良、もしくは寧楽とも記され、平城京とも称せられる奈良盆地の北端に占地したこの都は、たしかに古代国家の首都としてふさわしい規模を完備した最初の都城だったといっていい。隋・唐の都市にならって街路条坊を整然とした都城の制は、すでに七世紀半ばのいわゆる大化の改新に際して都とした難波《なにわ》で試みられ、つづいて近江大津京で、さらに藤原京でほぼ形をととのえてはいるが、面積も設備も平城京にいたってようやくその大を誇っている。もとより唐の都長安の壮大にしてかつ華麗なのには及びもつかないが、隋・唐の文化を本格的に学びとってからわずか一世紀で、この都城の実現を見たことには目を見張る思いがある。南北約四・七キロメートル、東西は北東部の張出した分を除いて約四・二キロメートル、いまでも広いといえる幅二四メートル近い大路を碁盤の目のように走らせ、屋根には中国風の瓦を置き、白壁を塗って、柱梁に朱を、連子《れんじ》（窓の縦格子）に緑青《ろくしょう》を、木口《こぐち》に黄土をと彩色をほどこした宮殿・官庁・寺院の宏壮な建築がそびえている有様は、文字どおり青丹よしであったといえる。

ただ、奈良の都、天平の世は、そのことばの感じさせる花やかさや歴史的な重みに比して、その占めた時間はそれほど長いものではないし、明るい場面ばかりではない。いわゆる奈良時代は、元明《げんめい》天皇の和銅三年（七一〇）三月、新造の平城京に都が定められてから、桓武《かんむ》天皇の延暦《えんりやく》三年（七八四）十一月、にわかに長岡京に遷されるまで、七代七四年間、そのなかでも天平の年号を冠するのは半分ほどの三八年にすぎない。もっとも、近江京の五年、飛鳥浄御原京《あすかのきよみはら》の二二年、藤原京の一六年に比べれば長いといえるし、ましてそれ以前のしばしば天皇の居を移したことからみると、落着いたといえるのだろうが、大規模な都城を整備したわりには短い寿命である。しかも、その間、天平十二年（七四〇）に伊勢に行幸して以来、恭仁《くに》京・紫香楽《しがらき》宮・難波宮を転々として、五年ばかり平城京は捨てられた形になっている。このような変転は、当然なことながら、政局の動揺の反映であり、繁栄の裏面に噴き出た古代国家の体制の矛盾が露呈したものである。

ちょうどこの時期に聖武天皇の発願《ほつがん》で建立された東大寺の大仏は、まさにこの咲く花の繁栄の象徴であり、その陰に生じた矛盾の現われでもある。像高一六メートルに及ぶ大仏は、その後の二度の兵火で金色燦然《こんじきさんぜん》と輝いたもとの姿は失われたというものの、創建当初の偉容をしのばせるに足りるものがある。また、天皇と光明皇后がこの大仏に奉献した正倉院の宝物は、毎年秋の秘庫の開扉に際してごく一部を垣間《かいま》見せるのみだが、それだけでも七～八世紀のペルシア・唐・新羅《しら》（日本ではシラギとよぶ）から日本にわたる華麗な文物は現代的といっていいほどの感覚にあふれている。いま大仏やこの宝物と同じ物を造ろうとすれば、はたしてどれだけの資力と技術と労働力とが必要になるだろうか。あるいは、今日の科学技術と機械力とを加えたとしても、その完全な復原は疑わしいのではあるまいか。それを考えると、この大事業を可能にした日本の古代国家の文化的生産力の高さと、それをここまで集中しえた権力の苛酷さは、想像をこえるものがある。

律令官司の工房

今日からみれば交通・通信の手段のはるかに貧弱な当時において、中央政府の意志をこれほどまでに貫徹することのできた足場として、まず律令制の実効力をあげなければなるまい。その実施には技術的に困難をきわめたと思うが、日本の住民のほとんどを戸籍に登録し、そのそれぞれに口分田《くぶんでん》を与え、その見返りとして租庸調《そようちょう》や雑徭《ぞうよう》などの貢租・労役を義務づけることで、国家の収入体系を支えている。田租は口分田の収量のほぼ三パーセントで低率といえるが、成年男子に課せられた労役に代わる庸布《ようふ》や所定の産物を納める調をあわせると、生産力の低い当時の農民の生活をおびやかすものであったし、また、この確実な徴集は国家体制の維持運営を充分に有効ならしめている。平城宮址から出土した木簡のうちには、遠隔の地から送られた調物の荷札があり、断片的に残存している天平年間のいくつかの国の『正税帳《しょうぜいちょう》』には、収支の具体的な数字があって、この徴税制度が有効に作用してゆとりをもった蓄積があったことを示している。それが大仏造営などの大事業の財政的基盤となったのにちがいない。

さらに、これらの現物貢租もさることながら、古代国家の経営により重要な意味をもったのは、労働力の自由な徴発である。年間一〇日上京しての歳役《さいえき》（庸）、六〇日まで地方官の駆使できる雑徭、貢物を中央に搬送する運脚《うんきゃく》、五〇戸から二人上京して政府の雑役に奉仕する仕丁《しちょう》など、兵役以外にその種類はきわめて多い。その上、法定の日限も多少の日当を支給することで延長は可能である他、営造にあたって必要な人数をわりあて、食料を与えて五〇日間働かせる雇役《こえき》の制度があり、これらを組み合わせると国家の動員できる労働力は莫大なものとなる。これは動員される側の人民にとっては、生産を維持する主要労働力をさきとられることで堪えがたい負担となったから、この国家事業の進行にともなって労役を忌避する傾向が強まり、やがては律令体制をゆるがしていく。だが、八世紀半ばの天平の時点では、この動員はまだ可能だったのであり、この人海戦術ともいうべき動員がなくては、機械力もない当時にあの大事業を遂行することはできなかったはずである。

ただ、いかに財政力と労働力があったとしても、それだけで物を造るわけにはいかない。あの巨大な銅像を鋳造し、金メッキをしたこと、三〇メートルにも及ぶ巨材を組み立てて、高さ四五メートル余の大仏殿を建てたこと、一五万枚近い瓦を焼いたこと、どの一つをとってみても、高度の技術が必要である。正倉院の宝物の漆工・金工・ガラス・染織等々、そのどれにもまた洗練された多様な技巧がうかがえる。そこにはただ単なる労働力というのではなく、それぞれの技術に習熟した多数の工人群の存在が想定されよう。そして、律令国家がその工人群をいかに効果的に組織し、かれらの技能を発揮させえたかが問題となる。

このような高度に発達した各種の技術の多くは、当然東アジアの先進地域であった中国に起源をもつが、日本へは五世紀ごろから朝鮮半島よりの移住者によってつぎつぎともたらされている。これによって日本の生産技術が飛躍的な展開をしたことはいうまでもないが、日本の統一を進行させていた大和の天皇国家は、この新渡の工人群の多くを部民《べのたみ》として統制下に置き、先進的な技術を独占することでもって権力を強化している。五〜六世紀に編成されたこのような部民の性格は、工人の渡来の時期や業種によっても一様ではないが、中心となる氏が伴造《とものみやつこ》として部民を指揮し、国家の必要とする物資の制作を担当したのである。

やがて六世紀半ばに朝鮮半島から仏教が伝来して、それにともなう彫刻・絵画・建築などの新しい技法がもたらされ、七世紀に入っては直接に隋・唐と交流することで、すぐれた文物を積極的にとりこんだから、この情況はさらに大きな変化を見せる。まず国家自体がより集権的な制度を確立する必要に迫られて、隋・唐に学んだ律令を制定する方向に進み、そのなかで旧来の部民制度を足場としながらも、その後にひきつづき渡来した人々をもあわせて、新しい要求に即応した工人組織を、律令官司の下に組みこむくふうが行なわれている。残念なことには、『近江令《おうみのりよう》』や『飛鳥浄御原令《あすかきよみはらのりよう》』などの先行する令の条文が残存していないので、その形成の過程までを明らかにすることはできないが、現存するいわゆる『大宝令《たいほうりよう》』では、行政を統轄する太政官《だいじようかん》の下に八省があり、そのそれぞれに属する寮あるいは司のいくつかが、この種の工人群を配下に置いている。宮内《くない》省管下の木工寮《こだくみのつかさ》の工部《たく》や、大蔵省管下の漆部司《ぬりべのつかさ》の漆部《ぬりべ》などがその類である。

芸術を創る人々

いま漆部司に例をとれば、正《かみ》（長官）・佑《すけ》（次官）・令史《さかん》（書記官）の事務官僚の下に、漆部二〇人が置かれている。令の注釈書によると、漆部のうち七人はもとの伴造から選ばれ、それが部民の系譜をひく品部《しなべ》一三人をひきいている。そして、その一三人は、漆を塗ることを業とした漆部一〇戸、鞍の下敷である泥障《あおり》を造る泥障二戸、革を細工する革張《かわはり》一戸から一人ずつが召し出されている。伴造系から七人を出しているところからみて、部民が一〇戸だけであったとは考えにくく、おそらく相当数の予備軍が裾野にひろがっていたのだろう。常時はこの二〇人の工人が政府の工房にあって、政府や宮廷の必要とする調度・馬具などの漆工を担当していたのだろうが、八世紀も半ばになって、漆の厚塗りを必要とする乾漆《かんしつ》の仏像の造立や、正倉院にみるような大量の工芸品の制作がさかんになると、この人員だけでは応じきれまい。その時にはこの裾野から定員外の工人が「臨時召役」としてかり出されるか、多少の日当を与えられる雇工として動員されたのだろうし、また、ときとしてはそのための工人組織ができたのだろう。

ところで、この品部や、職種によっては雑戸《ざつこ》とよばれる部民の系譜をひく工人たちは、労役を免ぜられ、ときとしては調の貢納をも免除されている。さきに述べたとおり、現物の貢納よりも労役が苛酷な負担であった当時において、このことはありがたい特典のようだが、そうとばかりはいえない。じつは、このことは特定の生産のためにいつでも自由にその労働力をかり出しうることが前提となっているからであり、租調を納め、一定の労役に服する白丁《はくちょう》とよばれた一般の口分田農民よりは一格下にあつかわれていたのである。もちろん、かれらは官司工房の業績に応じて位階を授けられ、貴族官僚の末端に列することもあり、売買・相続の対象ともなるような令制にいう賤民とはまったく区別されている。しかし、あの花やかな天平の文物を生み出した技術が、本来的には半ば自由を拘束された工人たちによって伝習されていたという事実は見落としてはならない。

もっとも、芸術家という概念は近代に成立したもので、それ以前の工人たちは、どれほどその技能が評価され、作品がもてはやされようとも、職人としての社会的地位はかならずしも高いものではない。まして、古代の政府の工房に隷属した工人はなおさらのことである。そのために、『続日《しょくに》本紀《ほんぎ》』のような当時の公式の史書は、それに値いするものと考えなかったのだろう、かれら工人の氏名や業績を書きとどめることはほとんどしていない。なかでも、大仏をはじめとして、いまわれわれの眼の前に数多くのすぐれた作品を残している仏像に関しては、仏工を管掌する官司が律令制のなかに設けられなかったせいもあってか、資料はきわめてとぼしい。国中連公麻呂《くになかのむらじのきみまろ》（東大寺大仏・法華堂不空羂索観音《ふくうけんざくかんのん》）・将《しょう》軍万福《ぐんまんぷく》（興福寺西金堂）・田辺国持《たなべのくにもち》（法華寺）・己智帯成《こちのおびなり》（石山寺）など、造像の中心となった仏工の名も何人かは伝えられるのだが、工房の組織や作業過程までを具体的にするのは、資料の不足から困難である。ことに、われわれの知りたいと思うかれらの間での技術の伝承や、唐からの新しい技法の学習などは、作品を通して推定する以外はない。

ただ幸いなことに、工人としては特殊なものだが、画工については、正史はやはり多くを記さないが、他にあるていどの資料をそろえることができ、その活動の一部をうかがえるので、これによって天平の芸術制作の背景を考えてみることにしたい。その場合、誤解を避けるために、画工ということばについて少し説明を加えておく。今日では絵画は疑いもない芸術であり、しかも、使用しやすい材料があるために、極端にいえば、誰にでも制作の可能な芸術である。だが、古代において入手が困難で調製にも熟練を要する顔料を使用しての作画は、きわめて専門的な技術であった。その上に古代の作画活動のうち、いまいう絵画はその一部分に過ぎず、むしろ各種の装飾図案の制作が主要なものである。したがって、作画活動に従事するものは、まさに画工とよぶのがふさわしく、他の手工業生産の工人とほぼ同列にあつかわれたわけである。

画工の歴史をたどる

そこで、東大寺の大仏の造営の行なわれた八世紀半ばを中心にして、日本で活動するようになった画工が政府の工房に組織され、その制作活動を拡大していく過程をたどり、やがて九世紀には官司工房としては衰退していくまでの概略の歴史をさぐってみる。もとより、他の工人に比してやや資料が多いとはいうものの、大部分は断片的なものであるだけに推論にたよらざるをえないが、それでもあの花やかな天平の芸術の生み出された基盤をのぞき見る一助とはなるだろう。

まず第一章では、律令制で定められた画工司という官司の編成や内容を、他の官司工房のいくつかと比較しながら整理した。画工司は前述の漆部司とちがって先行する部民をもたないし、また、日本の律令の原型となった唐の官制のなかには相当するものをみない点で、かなり独自の性格をもつといえる。これは画工を他の工人と同様にあつかったとはいうものの、絵画制作そのものが他の手工業生産とは質的にことなるところからきているのだろう。

第二章では、さかのぼって日本で本格的な作画が始まったのはいつか、最初に渡来した画工はどのような人物だったのか、ということをとりあげる。記録の上では、五世紀に百済から渡来した因斯羅我《いんしらが》がその最初というが、その活動は明らかではない。それよりも、仏教伝来にともなって六世紀末から七世紀初めに最初の大寺飛鳥寺《あすかでら》の造営の時、招かれた多くの工人たちのなかに画工のみえるのが、作品は残らないが、活動の確かめられるもっとも早い例だろう。

第三章は、七世紀に入って聖徳太子が定めたという「画師《えし》」という職制と、太子の死に際して制作された『天寿国繡帳《てんじゆこくしゆうちょう》』とについて考える。この画師はまだ制度として定着しなかったようではあるが、画工を政府の管掌下に置こうとする方向はみえるし、ここで画師に任ぜられたと伝える氏のうちに、簀秦《すのはた》・河内《かわち》など後代まで画工を出し、「画師」の称を姓《かばね》のように氏と重ねて名のる家のあることは注目される。また、いま中宮寺に断片の残る『天寿国繡帳』は、その銘文から下絵を描いた画工の名がわかり、作者と作品の結びつく最古の例として興味深い。

七世紀後半になると、律令体制の整備のなかで、官司工房が形をととのえていくわけだが、第四章は工房の形成過程と、画工の出身の基盤や作画活動の内容を中心とする。当時の画工は文字どおりの工人であり、しかも大画面は集団制作であるのに、そのなかから個性ゆたかなといってもいい作品の生まれるふしぎさは説明しきれない。その典型的な例として、原画は近年焼失してしまったが、法隆寺金堂《こんどう》の壁画があげられよう。

そして、八世紀半ばには天平芸術の精華である東大寺の大仏が出現する。第五章では、それ自体が技術的にも奇蹟といえる大仏の鋳造と大仏殿の建築や、それにまつわるなぞの事件についてふれ、この造営のために設置された造東大寺司の構造と、そこに所属した画工の活動を述べる。この大事業に莫大な資材と人員を要したことは、ごく一部の資料からでもうかがわれ、大仏殿の天井画などの装飾には五〇名にも及ぶ画工が参加している。この造東大寺司に属した画工の一人、上村主楯万呂《かみのすぐりのたてまろ》に関する記録は比較的よく残っているので、第六章は、この画工に焦点をしぼってその活動を具体的に追ってみる。

ところが、東大寺の大仏建立を境にして、天平の世は大きく傾斜し、やがて都も平城京から山城の長岡へ、そして八世紀も末近く平安京へと移される。このなかで、東大寺造営のような大事業が財政の衰弱を招いたこともあって、律令体制は動揺して官司工房は解体に向かい、画工司は他の官司に吸収され、造東大寺司も廃止される。最後の第七章では、歴史的背景とともにこの解体の過程を略述し、そこから新しい画工の民間工房の成立していく方向を展望する。

こうしてここでは画工という特殊な分野に限定して、八世紀の花やかな文物を生産した工人たちの生活の一側面をさぐってみるわけだが、その盛衰を明らかにしていくなかで、古代国家の文化の形成基盤の全体像をおぼろげながらもうかがいみることはできないだろうか、というのが本書の課題である。

1　律令官司の画工

画工司の組織

編成と職務

俗に『大宝令《たいほうりょう》』とよばれて、後世まで古代国家の規範と考えられた法令は、じつは大宝元年（七〇一）に制定された最初の条文がほとんど残存せず、いまわれわれの見ることのできるのは、養老二年（七一八）に改定された厳密にいえば『養老令』である。しかし、細部に小異はあっても大綱に変化はないと考えられるので、ふつう律令制度を論ずるばあい、これを大宝以来のものとしてあつかっている。そのなかで官司の制度を定めた「職員《しきいん》令《りょう》」をみると、中務省《ちゅうむしょう》（ナカツカサともよむ）の管下の六つの寮・三つの司のなかに画工司がある。音ではガコウシだが、訓ではエダクミノツカサ、あるいはエシノツカサとよばれたらしい。古令とよばれている大宝制定の条文では、文字も画師司だったかも知れないといわれており、古文書にも画師司と記した例がある。

その編成は、まず事務官として、正《かみ》・佑《すけ》・令史《さかん》、それぞれ一人がある。律令制の官司としては行政の中枢となる太政官《だいじょうかん》があり、その下に八つの省をおき、さらに省の下に寮《りょう》・司《し》などの部局を設ける。寮・司ともに訓ではツカサとよむが、寮のほうが組織はやや大きい。正は司の長官でいわば局長にあたり、佑は次官、令史は書記官というところである。画工司のばあい、司内の庶務は当然のこととして、絵画制作に関する事務、ことに必要な筆墨・絵具などの調達をつかさどる。この絵具などの作画材料は、大蔵省や同じ中務省管下の内蔵寮《くらのつかさ》が収納管理にあたり、画工司としては作画にあたって必要量を倉庫から受領し、画工に支給するのである。司に所属して実際の制作を担当する画工は、画師《えし》四人と画部《えかき》六〇人ということになっている。四人の画師は長上《ちょうじょう》ともよばれて、画工のうちの熟練者であり、指導的な地位に立つものである。おそらく、画師一人が番上《ばんじょう》ともよばれた画部何人かをひきいて制作するという仕組みだったろう。この他に、画工司には使部《つかいべ》一六人、直丁《ちょくてい》一人が配属されている。使部というのは、位階を有しているので、庶民とはちがって課役を免ぜられた特権階級であるが、特別の才能もないために官職につくことのできないものを、各官司の雑務に奉仕させたものである。これは事務の補助や雑用をつとめるほか、制作現場の下働きにもあてられたのだろう。直丁は、諸国から労役にかりだした人民のうちで官司にわりあてた雑役夫である。

もっとも、以上は法制上の定員で、時代によって多少の増減はあったはずである。ことに、画工は、絵画の需要が増大すれば、後述するように臨時の雇用をふくめて、かなりの数になったようである。

社会的地位

律令制社会では職階制が明確で、ある官職に任用されるにはそれに相当する位階を有するものでなければならなかった。「官位令」でその基準が示されているが、それによると、画工司の正は正六位上《しょうろくいのじょう》、佑は従七位下《じゅしちいのげ》、令史と画師は大初《だいそ》位上《いのじょう》になっている。当時の位階は、正一位から従三位《さんみ》まで、一位から三位が正従の六階、正四位上から従八位下まで、四位から八位は正従がさらに上下にわかれて、あわせて二〇階、それに大初位・少初位がそれぞれ上下で四階、合計三〇階となる。このうち、五位以上が厳密な意味での貴族であり、三位以上がそのなかでも大臣・大納《だいな》言《ごん》などになりうる最高の貴族である。したがって、正六位上あるいは従七位下などというのは、そこまではいかない実務下僚といったところで、当時のことだから、当然、家がらも格の高いほうではありえない。まして大初位となると、これはもう下から数えたほうが早いわけで、庶民との境目に近い。それでも、断片的に残っている大宝制定の古令の注釈書には、画師は無位であると記してあるから、現存の「官位令」で画師が大初位上となっているのは、改定のときに待遇がよくなったものらしい。現存の令が制定されたもののまだ実施にうつされていなかった養老三年（七一九）、画工の長上が儀式の時に位階のあるものに準じて儀礼用の笏《しゃく》を持つことを許しているので、このころから多少画師の地位が向上しはじめたのだろう。

もっとも「官位令」の規定は原則的な基準にすぎず、実際には多少の上下のあることはめずらしくないが、八世紀も半ばになると、作画活動がさかんになったせいだろうか、わずかな記録からみても、画工司人の官位は規定より上位のものがかなり多くなる。正史である『続日本紀《しょくにほんぎ》』や古文書から実例を拾うと、次のようなものがある。

天平十七年（七四五）　佑　従六位下黄文連《きぶみのむらじ》息足《おきたり》
　　　　　　　　　　　令史　少初位下息長丹生真人《おきながのにうのまうと》大国《おおくに》
天平宝字二年（七五八）　佑　正六位下竹志《ちくしの》麻呂《まろ》
　　　　　　　　　　　令史　正七位上黄文連乙万呂《おとまろ》
天平宝字三年（七五九）　正　外《げ》従五位下宇自可《うじか》臣《のおみ》山道《やまみち》
宝亀九年（七七八）　正　外従五位下高橋連《たかはしのむらじ》鷹主《たかぬし》

最初の令史が規定より低いだけで、他はすべて上位である。あとの二例の外《げ》位は、外のつかないのより一格下になるのだが、それでも規定の正六位上からみると一階上位ということになる。なお、最後の高橋を除いて、黄文・息長丹生・竹志・宇自可（牛鹿）は、後でくわしく述べるがいずれも一族から画師の出ている氏だから、画工司のばあいは事務官にもなるべく実技に明るいものを任用したことがうかがえる。

画工については、位階の上昇はなお顕著である。東大寺の大仏殿の装飾画彩色に関する天平宝字元年（七五七）・同二年（七五八）の文書の署名をみると、画師に正七位上・従七位下・従八位下があり、本来は無位であるはずの画部でさえ、正八位上・従八位上・従八位下それぞれ一人がみえ、少初位上三人が数えられる。定員四人のうち少なくとも三人までが最低一階は上位、なかでも河内画師次万呂《かわちのえしのつぎまろ》にいたっては、ようやく下級官僚と肩をならべるていどとはいいながら、八階も上位の正七位上である。まして、画部にも画師や令史より高位のものさえいるのだから、現実に画工の地位はずっと向上したといえる。

他工房との比較

上記のような法制上の編成と地位とを、他の官司工房と比較してみると、かなり大きな特色がある。概観で述べたように、本来ならばもっともかかわりのある工人として比べてみなければならない仏工は、律令官制の中での工房を形成していないので、大工・鍛冶《かじ》・

鋳物工・漆工・織工などを例としよう。

大工は、宮内省の管下で部局としては司よりは大きい木工寮《こだくみ》に属する。したがって、事務官は、長官としての頭《かみ》、次官としての助《すけ》の下に、大允《だいじょう》一人、少允《しょうじょう》二人、司の令史に相当する大属《さかん》・少属がそれぞれ一人ずつ置かれている。ところが、実技の担当者としての工《たく》部《み》《べ》は二〇人と意外に少なく、その代わりというのでもなかろうが、使部二〇人・直丁二人があてられるほか、やはり諸国から集められた労働力としての仕丁が、駈使丁《くしてい》（ハセツカイノヨボロ）として定数を定めず配置されている。官司の施工する建築で、技術者二〇人では不足だろうから、おそらくここでいう工部がいわゆる大工として頭領となり、駈使丁や臨時に召集された役民・雇工などの工人をひきいて工事を担当したのだろう。地位も、事務官は画工司よりは高く、頭が従五位上、助が正六位下、大允正七位下、少允従七位上、大属従八位上、少属従八位下であるのに比して、工部は規定では画部にひとしく無位である。

同じ司でいえば、宮内省管下の鍛冶司や大蔵省管下の典鋳《いもじ》司が、事務官の正・佑は同じだが、令史は大・少あって一人多く、大蔵省管下の漆部司（ヌリモノノツカサ、あるいはヌリベノツカサ）や織部《おりべ》司が事務官の編成では正以下三人で画工司にひとしい。しかし、画工司人の位階は正・佑ともに鍛冶・典鋳とならび、令史は両司の大令史と同じ大初位上であるのに、漆部・織部司は正も佑も画工司より一階低く、令史も鍛冶・典鋳の少令史とともに大初位下である。こうしてみると、工人を抱えた官司の中での画工司は、木工寮より規模が小さく、鍛冶・典鋳と漆部・織部との中間のあつかいということができよう。

しかし、ここで目立つのは、画師・画部あわせて六四人という工人の多さである。寮であるにかかわらず、木工が前述のとおり工部二〇人、鍛冶司も漆部司もそれぞれ鍛冶二〇人・漆部二〇人である。典鋳司など、金銀銅鉄の鋳造、琉璃《るり》（ガラス）の製作や玉造りといくつかの作業分野があって、工人もそれぞれの専門にわかれていたと考えられるのに、雑工部の名で一〇人を配するにすぎない。織部司だけが、画工師の画師と画部に似て、挑文師《あやのし》と挑文生《あやのしょう》をおいて錦・綾・羅の文様を織り出すことにあたらせているが、挑文師四人というのは画師と同数だとしても、挑文生はわずか八人である。また、挑文師は大初位下と一階低いが、画師と同じく位階が定められている。天皇の衣服を染める内染司《うちのそめもののつかさ》の染師が少初位上であることなどとあわせて、養老改定の令では、工人の長上のうちで位階を与えられるものは「師」を付したようであるが、画師のばあいは、医師・陰陽師《おんみょうじ》・楽師などとともに、令制以前からの称を適用したと考えられ、工人とはいっても織工や染工とは位置づけが歴史的にもちがうのだろう。

その点で問題になるのは、鍛冶・典鋳・織部司などが、使部・直丁の他に、それぞれ鍛戸・雑工戸・染戸と、画工司のばあいにはみえない戸と称するものを配下としていることである。品部《しなべ》・雑戸《ざつこ》とよばれるこれらの戸について、ここで詳細にわたることは避けるが、律令制以前に特定の生産物をもって大和朝廷に奉仕した職業部の系譜をひくものである。かれらは官司工房工人を補充する基盤であるとともに、在住地にあって補助労働力の役割をはたしていた。画工のばあい、在住地での制作ということが考えられないからでもあるが、このような組織をもたないということは、やはり後述するように職業部とは成立の歴史がちがうのであろう。

中国・朝鮮の画工

中国・朝鮮の絵画

律令制が隋《ずい》・唐《とう》の法制に学んだものであることは周知の事実であるが、画工司のような官司工房はどうだったのだろうか。いうまでもなく絵画制作の技術そのものが、古代においての文化の先進地域であった中国・朝鮮から渡来したものだけに、その先例を調べてみる必要がある。

彩文土器などに見る原始時代の絵画は別としても、中国では早くから絵画が発達している。日本ではやっと水稲耕作が芽生えはじめた紀元前二世紀ごろ、中国では漢の王朝にあたるが、宮廷には多くの壁画が描かれたといい、有名な王昭君《おうしょうくん》の説話に関して画人毛延寿《もうえんじゅ》の名が伝えられている。近年完全な遺体の発見されたことで聞える長沙馬王堆《ちょうさまおうたい》古墳一号基の棺を蔽っていた帛画には、天象・神仙などの象徴的な図画と墓主軑侯《たいこう》夫人をとりまく人物の写実的な描写とがみごとな調和で組み立てられ、当時の画技がすでにかなりの高さに到達していたことを示している。これに続く後漢（二五―二二〇）では、明帝が絵画を愛好して多くの名画を集蔵し、画官五〇人を置いたという。そのころの墓室の壁画や画象《がぞう》石《せき》・画象磚《せん》（壁面にはめこんだ浮彫り。磚は煉瓦）を見ると、画題も技法もかなり多様化している。なかでも四川省で発見された画象磚の「采蓮図《さいれんず》」「弋射図《よくしゃず》（飛鳥を射る図）」「塩井《えんせい》図」などの風景や風俗の描写には、きわめて新鮮なものがある。

この後、中国は三世紀から六世紀にかけて魏《ぎ》・晋《しん》・南北朝の争乱の時代となるが、絵画はいよいよ発達し、すぐれた画人の名も多く伝えられるようになる。なかでも、東晋（三一七―四一九）の江南に出た顧愷之《こがいし》は有名で、挿図の一段以外は六～七世紀の模本ではないかといわれるが、その作品『女史箴図《じょししんず》』一巻が大英博物館に現存している。また、南朝の斉（四七九―五〇二）のころの謝赫《しゃかく》は画人としての活動だけでなく、その著『画品録』で評価の基準とした「気韻生動」など六法の論が後代まで大きな影響を与えている。なお、

図1　『女史箴図』（大英博物館蔵）

このころから仏教の隆盛になるのにつれて、西方から渡来した仏教美術による主題と技法の変化の現われたことも注目すべきである。この南北朝から隋（五八一—六一八）・唐（六一八—九〇七）にわたる仏画の展開は、いまも雲《うん》崗《こう》・敦煌《とんこう》・麦積山《ばくせきざん》などの石窟寺院の壁画に見ることができる。

　日本の律令国家の法制・文化の源流となった隋・唐のころには、閻立本《えんりつぽん》・李思訓《りしくん》らの宮廷画人のほか、貴族詩人で画技にもすぐれ、水墨山水の始祖といわれる王維《おうい》、多くの寺院の壁画を飾った呉道子《ごどうし》ら、名を残した画人は少なくないし、張彦遠《ちようげんえん》の『歴代名画記』のように今日まで生命をもつ絵画史も出現している。すべてが真蹟かどうかはともかく、閻立本の『帝王図巻』や、李思訓・王維らの作として伝えられるものもあり、前記の石窟寺院の壁画をはじめ、章懐太子《しょうかいたいし》（高宗皇子李賢）・永泰公主《えいたいこうしゅ》（中宗皇女）など王族の墓室の壮大な壁画は、当時の絵画の質の高さを物語っている。近く則天武后《そくてんぶこう》（高宗の后。その死後帝位について一時権勢を誇る）の乾陵《けんりょう》の発掘が行なわれるというが、おそらくそこにはもっと驚くべきものがひめられているのではなかろうか。

これに比して、古代朝鮮のばあいは、残念ながら記録・作例ともに資料がとぼしい。半島の北半が漢の支配下にあったころの楽浪《らくろう》出土の彩文漆器などから、早く中国美術の影響を受けつつ独自の造形を創造していたことは想像できる。やがて北部に高句麗《こうくり》（以下国名の訓は慣用に従う）、南半西部に百済《くだら》、同東部に新羅《しらぎ》、南岸に伽耶《かや》諸国が分立するようになると、一世紀から七世紀にわたる高句麗の墓室壁画が顕著な遺例となる。とくに、現在では中国東北地区に属する古都　輯安《しゅうあん》近傍の古墳において、四神図（青龍・白虎・朱雀・玄武の瑞獣を東西南北に描く）・蓮花文など中国伝来の図様とともに描かれた狩猟・舞踊・相撲などの風俗図は、後世の民画にもつらなる独特の世界を作っている。ただ、他の地域の古墳には壁画が少なく、新羅のばあい、慶州の天馬塚で出土した樹皮製障泥《あおり》（馬鞍の下にかける敷物）の天馬図ぐらいしか遺例がない。ことに、七世紀に半島を統一した新羅は、唐の文化を吸収して華麗な世界を形成したが、絵画の遺品の残存していないことは遺憾である。

唐制の画工

では、中国の画人はどのように待遇されていたのだろうか。唐でいえば、閻立本は中書省の長官である中書令、李思訓は宮城護衛部隊を指揮する左武衛大将軍となっている。ともに正三品の高位の貴族であり、李思訓にいたっては皇帝の同族で、宰相李林甫《りんぽ》の伯父にあたり、彭国公《ほうこくこう》に封ぜられてもいる。画人として活動したとしても、文官もしくは武官として登用されている貴族が、その余技として作画にあたったという形式をとっているのである。さかのぼって、顧愷之は晋で権勢をふるった大司馬桓温《かんおん》のもとで司馬参軍となり、晩年には散騎常侍《さんきじょうじ》になっているし、南北朝の陸探微《りくたんび》は宋の明帝（四六五―四七二）の侍従であり、張僧繇《ちょうそうよう》は梁の武帝（五〇二―五一五）の時に右将軍となり、呉興《ごこう》の太守に任じられている。いずれも〝画工〟とよぶべき存在ではない。それどころか、閻立本は宮中で「画師閻立本」とよばれたことをふかく恥じてさえいる。

ふりかえってみれば、儒学の徒によって周（前一〇二七ごろ―前二二一）の制度として理想化された『周礼《しゅらい》』によれば、貴族の必須の教養には礼・楽・射・御・書・数の六芸があげられるが、それには絵画はふくまれていない。おそらく、まだ、画＝えがくこと・絵＝いろどることは、ともに工人の仕事と考えられていたのだろう。だが、絵画が芸術として発展するにしたがって、必須とはいわないまでも、貴族の趣味・教養として高められ、皇帝・王族にすら画技に長ずるものを生み出したのである。そうなると、画人を職業的な技能者として見なくなったのだろう。正史の列伝の部でも、医師や楽人などは一まとめにしてあるのに、画人をとくに別項にたてることはしていない。そのためか、さきに述べたように、後漢の明帝の時に画官を置いたというが、その後には宋の太祖（九六〇—九七五）が南唐の制を拡充して翰林《かんりん》図画院、略称して画院を設置するまで、画工を政府で組織したようすはない。日本の律令のもととなった唐の制度でも、日本の画工司のような官司は見当らない。

ただ、唐の官制をまとめた『大唐六典』には、皇帝の詔勅をあつかう中書省の管下の集賢殿書院の条に、書直・写御書・搨《とう》書手・装書直・造筆直とならんで、

「画直八人

開元七年（七一九）、勅して雑図を修するによりて二人を訪ね取り、八年又六人を加ふ、十九年、院奏し定めて直院と為す」

とあり、官吏の叙任をつかさどる吏部尚書《りぶしょうしょ》の条で、諸司の常勤定員を注記したうちに、

「秘書省、図画一人、丹青五人、造筆一人」

というのがある。秘書省も集賢殿書院もともに宮中の図書を管理するいわば図書館なので、そこでの画直もしくは図画というのは、集蔵する絵画の修補・模写を業としたもので、丹青はおそらく絵具の調製にあたったのだろう。もちろん、かれらは画技に習熟していたのにちがいないから、宮廷の作画にも従事したかも知れないが、ここではきわめて限定された職人仕事ということになる。しかも、ふしぎなことには、『大唐六典』でも、秘書省の条では図画・丹青などが見えず、逆に吏部尚書の諸司の定制の項では、集賢殿のところに、「能書六人、装書十四人、造筆四人」とのみあって、画直にふれていないから、あまり重視されてはいなかったのだろう。また、土木営造をつかさどる将作監《しょうさくかん》の管下の右校署の条に、

「右校令、版築《はんちく》・塗泥《とでい》・丹雘《たんかく》の事をつかさどる」

とある。この「丹雘」は建築の彩色で、日本では後述のように画工が担当していることがあるようだが、ここでは版築＝土台つき・塗泥＝左官とならべてあるから、日本の律令制ならば宮内省管下の土工司の仕事に相当する。こうしてみると、唐では、本格的な絵画は、画技に長じたものが官僚として奉仕するかたわら制作に従事するという形式をとり、模写や彩色などの機械的な作業は、関係する諸司に配属された下級工人が担当したということ

になる。

新羅の画工

たしかに日本の律令は隋・唐のそれを手本にしたもので、ときには直訳的な部分もないではないが、それまでの歴史や社会的な条件がちがう以上、施行する法律制度をそのまま敷写しにするというのは非現実的である。したがって、よく見れば、当然のことながら各所にかなりの改変がほどこされている。たとえば、唐制では国家の宗廟《そうびょう》の祭祀をつかさどるのは、六省・九寺のうちの一官署にすぎない太常寺だが、日本では、より古い神政のなごりだろうか、実質上大きな権力をもったわけではないが、神祇《じんぎ》官として行政の最高中枢である太政官《だいじょうかん》とならぶ位置を占めている。唐制にはない画工司の設置にしても、中国・朝鮮の先進的な作画技術の伝承者を急速に確保し、養成しなければならない日本の現実の要求から出ているものである。

その点では、程度のちがいはあるにしても、日本と同じような必要性があったと考えられる朝鮮のばあいが問題になる。ところが、三国分立時代の高句麗・百済については、官制の細目について知るべきものがない。なかでも百済は日本との交流が深く、その制度も日本の先例となったものがあると思うが、画工司に関してたどりうる材料はない。しいていえば新羅の彩典《さいてん》だろうか。

朝鮮古代の史書である『三国史記』の「職官志」に、その名から見て画工司に等しいと考えられる彩典という官司がある。新羅で律令が制定されたのは法興王七年（五二〇）であるが、その後、六世紀後半から七世紀前半にかけて、いくども官司の増設・拡充が行なわれているので、彩典が初めて置かれたのはいつか明らかでない。真徳王五年（六五一）に大舎もしくは主事という官を任じたという記事があるのが、あるいはその開設の時ではあるまいか。神文王二年（六八二）にはその上に監を置いて長官とし、景徳王の代にいったん典彩署と称したが、まもなく旧名に復し、その十八年（七五九）、大舎を改めて主書としたという。完成した形態をみると、彩典監一人・主書二人・史三人となり、監は位階でいえば十一等官の奈麻《なま》か十等官大奈麻、主書は十三等官舎知《しゃち》から奈麻にあたるものを任命するとなっているから、日本の画工司の正・佑・令史に相当するのだろう。

なお、彩典の設置や改号と歴史を同じくする官司に工匠府があり、その監は彩典監より一階上の大奈麻か九等官の級飡《きゅうそん》となり、史も四人と一人多く、工匠を統率する官司のほうが画工をひきいる彩典よりやや規模が大きい。ちょうど、日本で画工司が木工寮よりやや下位に置かれたのと似ている。その点でも、画工司など日本の工人の組織は、年代の上でもわずかに先行する新羅あたりを一つの見本にしているのかも知れない。

ただ、『三国史記』の「職官志」には、画工についてはまったく触れるところがない。もっとも彩典の史でさえ官等を付記していないくらいだから、その配下にある画工は記すまでもない卑賤の工人とされていたのだろう。『三国史記』の列伝にただ一人名を残した画人率居《そっきょ》は、皇龍寺の壁面に描いた老松に鳥が止まろうとしたとまで伝えられる名手だが、「出《い》づるところ微なり、故にその族系を記さず」とある。後代の書ではあるが、『槿域書画徴《きんいきしょがちょう》』に引用してある『東事類考』でも、「新羅の率居は農家の子なり、幼時より画に志す、樵《きこ》れば葛の根を以て巌に劃《えが》き、耕せば鋤《すき》の尖《さき》を以て沙に劃く、しかるに僻郷にして師受なし」と記している。ただし、『三国史記』では善徳王三年（六三四）にできた芬皇寺《ふんこう》の観音像を描いたとあるが、『槿域書画徴』に引く『芝峰類説《しほう》』には真興王（五四〇―五七〇）の時の人といい、やはり同書に引く『栢栗寺重脩記《はくりつじちょうしゅうき》』には神文王（六八一―六九二）代に中国から入ったと伝えるなど、伝説的人物ともいえるが、画工の出身の低いということについては真を伝えているのだろう。そこでは中国の画人との社会的な地位のちがいが明らかで、日本のばあいを考えるのに一つの参考になる。

2　渡来した画工

はじめて来た画工

雄略とよぶ天皇

五世紀末から六世紀初めにかけて、倭王武《わおうぶ》が中国の南朝の宋・斉・梁の諸王朝に使者を送り、倭の統一を誇示した上、朝鮮諸国への宗主権を認めさせようとしたことが、『宋書』をはじめとする中国の史書に見える。この武は、『日本書紀』にいう大泊瀬幼武《おおはつせわかたけ》天皇、後代に雄略とよぶ天皇にあたるというのがほぼ通説である。近年X線で象嵌《ぞうがん》の文字が浮かび出し、解読に論議を生んだ埼玉県稲荷山古墳出土の鉄剣の銘文に見える大王がこの天皇で、大和国家の東国を従えた時期を物語るという説もある。それだけに、『古事記』や『日本書紀』でも、この天皇の時代のこととしてさまざまな説話をふくむ興味のある記事が多く、なかでも大陸・半島からの文化の伝来に関する記事が目をひく。

この前後の『日本書紀』の記載をすべて事実とするわけにはいかず、年紀を確定することはできないが、この天皇の七年のこととして次のような話をのせている。

当時まだ大和に対抗する力をもっていた吉備《きび》（岡山県周辺）の豪族上道臣《かみつみちのおみ》田狭《たさ》が自分の妻稚媛《わかひめ》の美人であることを自慢しているのを天皇が聞きつけ、田狭を任那国司《みまなのくにのみこともち》に任命して追い払い、その留守に稚媛を奪って後宮に加えてしまった。（『日本書紀』では伽耶諸国を任那とよび、この時期に日本が支配していたように記している。その実態については現在多くの議論が提起されているが、ここでは『日本書紀』の説話を紹介することにとどめる。）田狭はそのことを伝え聞いて、新羅と結んで大和に反抗しようと考えた。ちょうどその時に天皇は新羅に侵入しようとして、田狭が稚媛に生ませた子弟君《おときみ》と吉備海部直《きびのあまべのあたい》赤尾《あかお》を百済に派遣したが、弟君は国の神の化身にだまされて道の遠さにいやけがさし、風待ちと称して百済の島にとどまった。田狭はよろこんで弟君に密使を送り、父子で任那・百済を足場に天皇に抵抗しようと計った。ところが、弟君の妻樟媛《くすひめ》は大和に忠節をつくそうとし、夫を殺して、赤尾とともに帰国しようとした。

その一方、この弟君らの出発の前に、天皇の側近にいた西漢《かわちのあや》才伎《てひと》歓因知利《かんいんちり》が、韓《から》の国には自分よりすぐれた技術者が多いといったので、弟君らに歓因知利をそえて技術者を迎えとらせることにしてあった。弟君の新羅遠征は失敗したが、百済で技術者たちが集められていたので、弟君の死んだことを聞いた天皇は使者をやってかれらを迎えた。日本についてから一時吾礪《あと》の広津《ひろきのつ》（大阪府八尾市か）に置いたが、病死するものが多かったため、東漢直《やまとのあやのあたい》掬《つか》に命じて、新漢《いまきのあや》陶部《すえつくり》高貴《こうき》・鞍部《くらつくり》堅貴《けんき》・画部《えかき》因斯羅我《いんしらが》・錦部《にしごり》定安那錦《じょうあんなこむ》・訳語《おさ》卯安那《みょうあんな》らを、上桃原《かみつももはら》・下桃原《しもつももはら》・真神原《まかみのはら》に移し住まわせた。

さきにもいうように、日本の任那支配が疑われているのだし、『日本書紀』自体が、田狭を殺してその妻の毛媛《けひめ》を奪ったのであるとか、弟君自身が技術者群を連れ帰ったのであるとかいう「別本」の説を伝えているくらいで、この説話の史実性は確認できない。雄略と田狭の物語は、『旧約聖書』のダビデ王が将軍ウリヤの妻の美しいのをかいま見て、ウリヤを激戦地に送り、その妻を奪ったという話にも似て、一つの

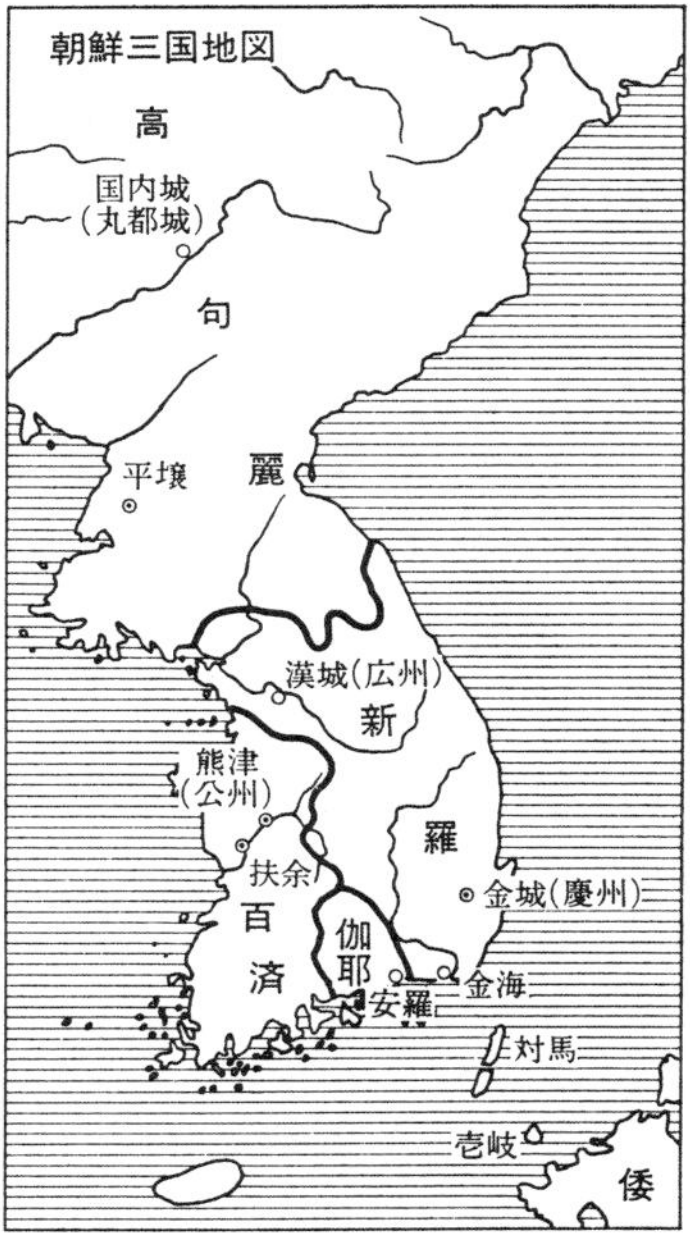

〝説話〟としておくよりほかはない。しかし、このころに百済から諸種の新しい技術者群の渡来があったということは、何らかの根拠があって伝えられていたのであろう。

今来の才伎

採鉱・鋳金・鍛冶・建築・造船・機織など、当時において先進的な技術は、いうまでもなく、それまでも朝鮮半島からの移住者によって伝えられ、大和の国家は才伎《てひと》とよばれたこの技術の保持者を部《べ》という組織に編成し、その勢力下に確保することに努めていた。建築工匠の猪名部《いなべ》など新羅系と考えられる工人は、主として秦の始皇帝の後と称した秦氏《はた》にひきいられ、服部《はとりべ》などの百済系と考えられる工人の多くは、漢の王室を自称する漢氏《あや》のもとにあったようである。なかでも漢氏は大和と河内とに本拠地を置くものが分かれ、この説話にも見るようにそれぞれ東漢《やまとのあや》・西漢《かわちのあや》とよばれている。

それに対して、雄略朝に百済から渡来したといわれる一群は、今来《いまき》の才伎、新漢《いまきのあや》とよんで区別している。かれらの居住したという真神原は、後に飛鳥寺の造られた明日香《あすか》村の地であるが、桃原については、河内の石川（大阪府柏原市）という説と、『日本書紀』で蘇《そ》我馬子《がのうまこ》の墓を「桃原墓」とよび、これが明日香村のいまいう石舞台古墳と考えられているので、大和国高市《たけち》郡、真神原と同じく明日香村とする説がある。須恵《すえ》器製作地の分布や、後の錦部《にしこり》・画師の居住を考えると、河内説も一概に否定はできないが、東漢直に命じてとあること、高市郡の前名を今来郡とよんでいることから見て、飛鳥の地に居を定めたとしていいだろう。

『日本書紀』に注記した「別本」によれば、この時渡来したのは「手人部《てひと》・衣縫部《きぬぬい》・宍人部《ししひと》」であるというが、一応本文にしたがえば、通訳にあたる訳語《おさ》を別として、工人は陶部・鞍部・画部・錦部の四種である。このうち、鞍部については、令制では大蔵省管下の百済手部《くだらのてひとべ》の配下に桉《くら》（鞍）作《つくり》七二戸があり、やがて止利《とり》（鳥）仏師を出した氏が鞍作村主《すぐり》（後に首《おびと》）を称しているところからみて、鞍作（鞍部《くらつくり》）を氏とした伴造《とものみやつこ》のひきいる職業部が編成されたと考えられ、その起源ということになる。堅貴の名は他に見るところがないが、伴造としての鞍作氏が司馬《しば》を冠し、晋の王室の末と称しているから、南朝系漢人とされていたのだろう。錦部も、令制に同じく大蔵省管下の織部司《おりべのつかさ》のもとで錦綾織戸があり、錦織《にしこり》（錦部《にしこり》）村主あるいは連《むらじ》の氏姓が伝えられるから、これも職業部を形成したといえる。定安那錦もここにだけしか出て来ない名だが、これは百済人だろう。『新撰姓氏録《しんせんしょうじろく》』（八一五編集）は村主姓の錦部氏を漢の部に入れているが、「韓国人波怒志《はのし》（波能志）の後」と注記しているし、河内の錦部連については百済王の子孫としているから、やはり百済系とみるほうが妥当である。

ところが、ふしぎなのは陶部である。高貴という人物についてはやはり他に所見がないが、そればかりでなく、令制でも宮内省管下の筥陶司《はこすえ》に筥戸はあっても陶戸がないし、伴造となるべき陶部の氏もない。土師《はじ》器については土師部があり、土師氏があるのに、須恵器の製作の址からみて、その製作集団の存在は推測されるにもかかわらず、「陶部」の名がこの後に見えないのはどうしてだろうか。おそらく、鞍部・錦部などとはちがった組織・運営が行なわれていたのだろう。その点では、画部も、最初の章で述べたように、令制で画部という職がありはするものの、職業部が形成されたようすはない。一三世紀に『日本書紀』の注釈を集大成した『釈日本紀』には、前掲の訓のごとく、陶部《スエツクリ》・鞍部《クラツクリ》・画部《エカキ》・錦部《ニシコリ》とした上で、わざわざ「已上、部の字を読むべからず」とことわっているのも、陶部・画部が職業部として編成されなかったことを反映しているかとも考えられる。

画部因斯羅我

上記のように画部という職業集団はできなかったとしても、この時にはじめて画工が渡来したという伝承は見落とせない。因斯羅我も他の工人と同様、これ以外に記録を見ないが、因を氏とすれば、『三国史記』の「百済本紀」武寧王の条に因友という貴族が見えるので、百済人とみていい。もっとも、これには別伝もあったようである。『新撰姓氏録』

の「左京諸蕃」の条に大崗忌寸《おおおかのいみき》があり、そこに、

「魏の文帝の後安貴《あんき》公より出《い》づ。雄略天皇の御世、四部の衆を率ゐて帰化す。男龍《りゅう》一名辰貴絵の工《たくみ》を善くす。小泊瀬稚鷦鷯天皇《おはつせのわかさざき》（武烈）其の能を美《ほ》め、姓首《かばねおびと》を賜ふ。五世の孫勤《ごん》大壱恵尊《だいいつえそん》また絵の才に工《たくみ》なり。天智天皇の御世、姓を倭画師《やまとのえし》と賜ふ。高野天皇（称徳）神護景雲三年（七六九）、居地によりて改めて大崗忌寸の姓を賜ふ」

と記されている。倭画師については後でもふれるが、この画工を出した家系の祖が雄略天皇の時に渡来したということで「雄略紀」にかさなりあう。ただし、それが因斯羅我ではなく、魏の文帝の子孫安貴公だとし、しかも画才に長じていたのはその子龍（辰貴《しんき》）であったとする点がことなる。錦部のばあいでもそうだが、百済人などがその祖を漢人とし、ときには皇帝の族系とすることはしばしばあったことだから、これもその一例といえないこともない。そうなると安貴という名も、陶部高貴・鞍部堅貴にあわせてつけられたともいえる。とにかく、画工の最初の渡来が雄略天皇の代とされていたことだけはたしかである。

しかし、五世紀末から六世紀初めごろに画工が来たとして、問題になるのは、どんな絵が、どこに描かれたのだろうか、ということである。当時の百済は宋・斉・梁と通交し、このすこし後ではあるが、聖王十九年（五四一）には、梁に入貢して「毛詩博士、涅槃《ねはん》等の経義、ならびに工匠・画師等」を招いたというから、南朝系の絵画を学んでいたにちが

いない。顧愷之・陸探微・張僧繇らの名手はすべて江南の出身であり、南朝の絵画といえば高度の発達をとげていたはずで、それを取り入れたとすれば、材質・技法ともにかなり本格的なものということになる。だが、たとえそれだけの画技を習練した画工が渡来したとしても、当時の日本でそれを活用する場があったろうか。

『日本書紀』によれば、このころようやく楼閣を造り、殿舎もやや壮大になったようではあるが、まだ中国風の屋根に瓦をのせ、土壁に白土を塗り、柱梁に彩色した宮殿は出現せず、白木《しらき》に茅・樹皮をふいた建築様式が依然として主体である。八世紀の平城京でさえ、政庁や公式行事の場としての宮殿は中国風でも、天皇の私的な居住部分である内裏《だいり》は白木で高床の伝統的な建物だったくらいである。したがって、五〜六世紀の殿舎建築への彩色・装画は考えられないし、室内装飾のための障屏画などもまだなかったろう。朝鮮のばあい、高句麗で古墳壁画がさかんに描かれているが、日本のこのころの墳墓は多く前方後円墳で、円丘頂部に棺槨をじかに埋めこむのだから、壁画を描くべき石室は築造されていない。六世紀半ばから横穴式石室古墳が出現するが、そのばあいでも、北九州・東国などに彩色壁画の例を見るだけで、大和国家の中心である畿内には、すこしあとの高松塚以外、画工の手を要するような彩画が発見されてはいない。だとすると、画工の渡来したことが事実ではあっても、馬具や武具の装飾図案の制作ぐらいしか仕事はなかったのではなかろうか。まして、画工を組織しなければならないほどの作画活動があったはずはない。

したがって、画工因斯羅我の渡来は一つの伝承としておいて、本格的な画工の活動とその組織については、他の美術と同様、仏教文化の伝来以後で考えることになる。

飛鳥寺の造営

飛鳥の大仏

近年はいささか観光ブームの感がないでもない明日香村のなかでも、訪れる人の絶えない旧蹟に「日本仏法発祥之地」とされる飛鳥《あすか》の大仏がある。通称は飛鳥寺、『日本書紀』には法興寺《ほうこうじ》と記し、藤原鎌足が中大兄皇子に近づいたのはここで行なわれた蹴鞠《けまり》の場のことであったという伝えを残している。平城遷都後は奈良の東の外京に移されて元興寺《がんごうじ》とよんだため、旧地に残された寺堂は本元興寺と称していたが、建久七年（一一九六）の雷火で焼失してから衰退し、現在安居院《あんごいん》でよばれるこの寺地はきわめて狭小である。いま住房と連なった小さな本堂内には、丈六（二七五センチ）鋳銅鍍金の釈迦如来坐像が、当初のものという石の基壇の上に本尊としてすえられているが、これも焼失以後衰亡のなかではなはだしく損傷し、あまりたくみとはいえない後世の修理のために、わずかに眼から頬の

図2　飛鳥大仏（飛鳥寺蔵）

あたりにむかしの面影をとどめているのにすぎない。

しかし、この本尊が日本で最初に鋳造された仏像であり、この寺院が堂塔を具備した最初の大伽藍《がらん》であったことはたしかである。先年周辺の農地をふくめて寺地の発掘調査を行なったところ、前庭南端の塔址を中心にして東西に金堂が向かい合い、現本堂の位置にあった中金堂とともに、南方にあった中門からのびる回廊に連ねられ、その北側に講堂のあったことが判明した。塔を中心に三金堂を配置するのは、中国の雲崗《うんこう》石窟のなかに中央に層塔を造ってそれを囲む三壁面に仏像を彫り出したもののあるのがその例といえるし、高句麗の清岩里《せいがんり》廃寺址には同様の遺構があるが、日本では後代にもまれである。しかも、塔や中金堂の遺址からみると、その規模は現存する法隆寺の五重塔・金堂と同じ大きさなので、全体の壮麗さは想像に余りある。

六世紀半ばに百済から仏像・経典がもたらされてからも、この「蕃神（となりのくにのかみ)」の受容には多少の曲折があり、渡来者や貴族のうちに草堂・私寺を造営するものはあったが、国家的事業としての本格的な寺院の建立はこれが最初である。それだけに、いまその片鱗しか残らない飛鳥寺の遺構にも、本尊の像容にも、その意気ごみが感じられる。ただ、いくら意気ごみがさかんだったとしても、それまで見たこともない瓦ぶきの大建築、丈六の鋳銅像ということになると、そうかんたんな事業ではない。その後の例からみても、飛鳥寺の南の川原寺《かわはらでら》(弘福寺《ぐふくじ》)に塔と北・西の両金堂のあるのを見るのみで、八世紀の奈良の興福寺にいたるまで三金堂をそなえる規模の寺院はなく、飛鳥寺につづいて造られた法隆寺の本尊でも、その像高は飛鳥の大仏の三分の一に満たないのだから、最初に手がけた仕事としては大きすぎたといえる。当時としては最高最新の技術を結集しなければならなかったことは当然で、前述の今来の才伎はもとより、渡来者系の工人で活用できるものはことごとく動員されたはずである。しかし、それでも不足だったのだろう、それを機会に朝鮮半島から多くの工人があらたに招請されている。

百済からの工人

飛鳥寺の造営を『日本書紀』の記事でたどれば、つぎのようになる。「崇峻紀《すしゆん》」の即位前のこととして、物部《もののべ》氏追討に際して蘇我馬子が寺院造立を発願したことを記し、元年

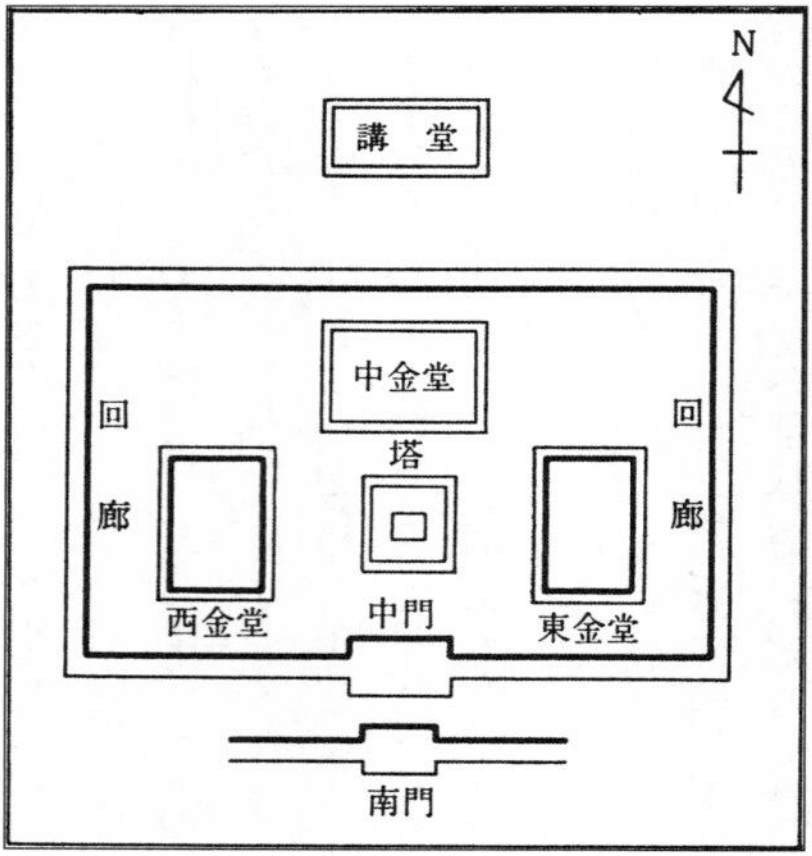

飛鳥寺伽藍配置

（五八八）に百済より仏舎利《ぶっしゃり》・僧・工人の渡来があって、三年（五九〇）用材伐採を始め、五年（五九二）に仏堂・歩廊が完成している。つづいて「推古紀」元年（五九三）の条に、塔礎に舎利を納めて心柱を立てたことがあり、四年（五九六）にいたって「法興寺造り竟《おわ》りぬ」として、寺司の任命されたことが記されている。ところが、本尊については、その十三年（六〇五）に及んで鞍作鳥に命じ、翌十四年（六〇六）に完成したという。ただ、天平二十年（七四八）に元興寺の歴史と財産とを報告した『元興寺縁起《がんごうじえんぎ》並《ならびに》流《る》記《き》資《し》財帳《ざいちょう》』に引用してある「丈六光銘」や、「難波《なにわ》天皇（孝徳）之世辛亥《しんがい》（白雉二、六五二）」に五重塔の九輪下部の露盤《ろばん》に刻まれたという「塔露盤銘」との間に多少の異同があり、堂塔の造営と本尊の制作とが一〇年も離れていることとともに、いくつかの論議を生んでいる。

　たとえば、「推古紀」では本尊の作者とする鞍作鳥の名は「丈六光銘」には見えず、「塔露盤銘」では、そのかわりに、それが現本尊かどうかは説が分かれるが、意斯奴弥《おしぬみの》（忍海）首辰星《おびとしんせい》・阿沙都麻《あさつま》（朝妻）首未沙乃《みさの》・鞍部《くらつくり》首加羅爾《からに》・山西《かわち》首都鬼《つき》に「金人（仏）等を作らしむ」とある。忍海は『新撰姓氏録』では河内の皇別の部に開化天皇皇子の子孫としているが、大蔵省管下に「忍海の戸の狛人《こまひと》」があるので、高句麗系ということが考えられ、辰星の名は渡来してまもない世代であろうことを示している。朝妻は『新撰姓氏録』の大和の諸蕃・漢の部に入っているものの、「韓国人都留使主《つるのおみ》之後也」と注記されているので、やはりこれも朝鮮系としたほうがよかろう。鞍部はすでに今来の才伎として登場しているが、同じ時期に同じ寺の造像に参与しているにもかかわらず、加羅爾と鳥との関係を語る資料がない。山西（河内）は、造寺の事業の総括にあたったものを山東漢大費直《やまとのあやのおおあたい》と標記しているから、西漢《かわちのあや》の族系であろう。とにかく、東漢氏の指揮下に多くの渡来者系工人が動員されたようすはわかる。

その一方、この時にあらたに渡来した工人については、「崇峻紀」と「塔露盤銘」の記事はほぼ一致する。その名は「崇峻紀」によれば次のとおりである（括弧内「塔露盤銘」）。

寺工（寺師）　太良未太《だらみだ》（丈羅未大）・文賈古子《もんけこし》

鑪盤《ろばん》博士（鏤盤師）　将徳白昧淳《しょうとくはくまいじゅん》（自昧淳）

瓦博士（瓦師）　麻奈文奴《まなもんぬ》（麻那文奴）・陽貴文《ようきもん》・㥄貴文《りょうきもん》（布陵貴）・昔麻帝弥《しゃくまたいみ》

画工（書人）　　　　白加《はくか》（百加博士・陽古博士）

寺工・瓦工についてはいうまでもあるまい。鑪盤師については、現行の注釈は鑪盤＝露盤としているが、これはどうだろうか。露盤は前述のように九輪の基台であり、それだけの制作のための工人ということもあるまい。むしろ『書紀集解《しゅうげ》』が鑪は火床であるという原義から鋳工としているほうがよかろう。あるいは、鏤盤であれば旋盤＝ロクロの類かも知れない。いずれにしても金属加工の技術者ではなかろうか。ところで、問題の残るのはかんじんの画工である。他の工人のばあいは、「崇峻紀」と「塔露盤銘」との記載の差異は、おそらく書写の間に生じた文字の異同と見ていいのだが、画工に関しては別の伝承としなければならない。

画工の白加

第一に、「塔露盤銘」では画工と断定できないことである。ここではさきに注記したように「書人」とある。この「書」を描くことをふくめた広い意味にとることはできるし、また画の旧字体である「畫」の誤写とみることもできないではない。だが、「崇峻紀」では寺工・鑪盤博士・瓦博士・画工と列記してあるのに、「塔露盤銘」では鏤盤師・寺師・瓦師とならべた後に、

「作り奉らしむる者は、山東漢大費直、名は麻高垢鬼《まこくき》、名は意等加斯費直《おとかしのあたい》なり」

という「崇峻紀」には見えない一句をはさんで、

「書人、百加博士、陽古博士」

としている。「崇峻紀」では工人も博士とよんでいるから、それだけでは区別はできないが、「塔露盤銘」が工人には師をつけているのに対して、この「書人」のみを博士と称し、工人の統括者と考えられるものの後に記しているので、「書人」を工人とはせず、熊本県船山古墳出土の大刀銘の末尾に「書者張安也」とあるのと同じに、まさに銘文を「書いた人」とする説もある。ただ、そのばあい、銘文がそこで終わらず、それに続いて「丙辰年十一月既《おわ》る、爾時《その》、金人等を作らしむるは」として、前掲の意斯奴弥以下四人の首《おびと》の名を連ねているのが不審である。書人が銘記の筆者ならば、一番後にもってくるのがふつうだろうから、これを画工ではないと断定してしまうことにも疑問が残る。

第二に、「塔露盤銘」の百加は、「崇峻紀」の白加と同音で標記のちがいとみていいが、陽古は他には見えない。この書人を画工と考えれば、ここではもう一人陽古というのが渡来したことになる。白・陽ともに百済の氏姓ではないから、南朝系漢人だろうといわれる。しかし、鑪盤工が「崇峻紀」によれば白昧淳で、白姓ではあるがすでに将徳という百済の位階を授けられているし、百を姓とすれば、『日本書紀』の「神功紀」に引用してある

『百済記』に加羅《から》国王子百久至《はくくち》の名が見えるから、百済人か南朝系漢人かということを厳密に判定することは不可能である。陽古については、その姓氏をたしかめる材料が一つもない。なんにしても、二人ともこれ以外の記録には現われないため、その出身や業績などは残念ながら推測の域を出ない。

飛鳥寺の上部架構の詳細については知る由もないが、本格的な寺院建築を意図した以上、木部には彩色がほどこされ、壁画や天井画の描かれた可能性はある。また、「推古紀」十三年条の本尊造立の時に、銅像とともに「繡仏《しゅうぶつ》」を造ったことが記されているから、当然その刺繡のための下絵が描かれたはずである。仏教の伝来にともなうこのようなまったく新しい絵画の制作にあたって、白加・陽古がそうであったかどうかはともかくとして、画工が招き入れられたとしてもふしぎではない。とにかく、この七世紀初頭を境にして、中国・朝鮮で発達した絵画の技法・様式が急速に取り入れられ、寺院のみならず宮廷でも作画の要求も高まり、画工がしきりに活動するようになっている。飛鳥寺の造営と、それにともなう工人の渡来とが、その大きな転機となり、刺激となったことはまちがいない。これ以後、正史やその他の記録にも画工の作画についての記事が散見するようになり、絵画そのものの遺例も急激に増加する。

3　画師身分の成立

画師の制定

画師を定む

飛鳥寺に丈六の銅像と繍仏が造り始められたというその前年、推古天皇十二年（六〇四）の秋九月のこととして、『日本書紀』には、

「この月始めて黄書画師《きぶみのえし》・山背画師《やましろ》を定む」

という記事がある。

また、聖徳太子伝の集大成として一〇世紀に編集された『聖徳太子伝暦《しょうとくたいしでんりゃく》』には、年は同じだが冬十二月として、

「諸寺の仏像、荘厳《しょうごん》を絵がかんがために、黄文画師・山背画師・簀《すの》（箐）秦《はた》画師・河内画師・楢《なら》画師等を定め、其の戸課《こか》を免じ、永く名業《めいぎょう》となす」

と、「推古紀」とは別の伝承によると思われるややくわしい記事をのせている。

そのころはまだ貢租・課役の制度が確立していたわけではなかろうから、『伝暦』にいう「戸課を免じ」は律令制時代からの類推であろうし、「永く名業となす」も、世襲化の意図はあったのかも知れないが、後述するようにその実際は不明確である。しかし、「推古紀」・『伝暦』ともに「画師を定む」としているから、この「画師」が画工・画人という意味でなく、制度として定められた職掌であることはたしかである。ここにきてまさに「はじめて」政府が画工を組織し、その頭首となるものに「画師」の称を与えたものと考えられる。

聖徳太子については後世にあまり伝説化されてしまって、その業績の実相はかならずしも明らかではないが、律令国家への足場づくりの時期であり、その推進の中心が太子であったといえよう。画師の制定も国家組織形成の一環としてとらえられるが、それはまた、画工の組織を必要とするほどの大規模な作画活動が継続的に行なわれはじめたことを意味する。『伝暦』にいう「諸寺の仏像、荘厳」はその一つであろう。聖徳太子が日本の仏教の始祖とあがめられているのも、太子自身が教義をよく理解し、信仰したというだけでなく、ゆらいできた天皇の神権を支えるために、異国風で荘重な文物のかもしだす神秘性を利用しようとして、積極的に仏教を摂取したことによる。飛鳥寺以後も法隆寺をはじめとする大寺院が造営され、「荘厳」されたのはそれゆえである。それだけに、そこでの建築の彩色・装飾、壁画、繡仏の下絵、木彫仏のばあいはその彩色など、仕事の量は少なくなかったに相違ない。

また、画工の活動の場は、寺院ばかりではなかったろう。ちょうど画師の制定された前の年、推古十一年（六〇三）の『日本書紀』に次の記事を見る。

「皇太子（聖徳）天皇（推古）に請ひて、大楯及び靫《ゆき》（矢を入れる道具）を作り、又旗幟《はた》に絵かく」

これは禁衛軍の武装の強化ということもあろうが、むしろそれよりも儀仗《ぎじょう》用で、宮廷の「荘厳」のためだろう。当時、位階に相当する衣冠を定めるなど、中国・朝鮮にならって宮廷の服制・儀礼をととのえ、形式の面

図3　隼人の楯。左は複製（奈良文化財研究所蔵）

からも政府を権威づけようと努力しているので、その試みの一つといえる。唐の儀仗用の楯に獣形が飾られ、平城京址出土の宮門守護の隼人《はいと》の楯に渦状文が描かれていることからみて、この大楯も作っただけでなく、それに文様を描いたと考えられる。旗幟には、おそらく青龍《せいりゅう》・白虎《びゃくこ》・朱雀《すじやく》・玄武《げんぶ》（亀と蛇を組み合わせた怪獣）の四神や、熊・虎などの猛獣が描かれていたのだろう。こういう文様の図案の作成から彩色まで、すべて画工の仕事だったはずである。

このように公的な作画の需要が増大するなかで、画工の組織化が行なわれ、その指導的な地位に画師が置かれたのだろうが、まずここであげられた氏の族系をたどってみよう。

黄書・山背

「推古紀」・『伝暦』が一致しているので、この二氏が画師に定められたのは事実としてよかろう。

黄書、もしくは黄文と記されるが、『新撰姓氏録』の山城国諸蕃の部に、

「黄文連、高麗国人久斯祁《くしけ》王の後なり」

とある。『三国史記』の「高句麗本紀」には琉璃《るり》王の子に古鄒加《こすか》再思《さいし》、西川《せいせん》王の子に古鄒加咄固《とつこ》があり、久斯祁は古鄒加の転訛ではないかと考えられるので、王族か否かはともか

く、高句麗系である。ただし、渡来の時期は明らかではない。書写のための用紙をキハダで染めて虫食いを防いだことから、書籍を黄巻・黄書とよぶことがあるので、本来は図書・記録に従事した氏かも知れない。七〜八世紀には中級官人となっているものがあるが、天智八年（六六九）に遣唐使の一行に加えられた黄文本実《ほんじち》は、長安普光《ふこう》寺の仏足石を写して帰り、また水準器をもたらしたといい、持統八年（六九四）には鋳銭司《ぜにのつかさ》に任ぜられ、持統・文武両天皇の大葬の時に作殯宮司《もがりのみやをつくるつかさ》（葬場を作る官）に奉仕しているから技術者であったのだろう。本実が画技に長じていたことも考えられ、高松塚古墳の石槨内壁画の制作者にあてる説もある。この後も八世紀半ばには、山城国久世《くぜ》郡・大和国山辺郡に分布したこの一族から、画工司の事務官や画工を何人か出しているので、この族系に画技が伝習されたことは疑いない。ただ、この氏のものは、造《みやつこ》、のちに連《むらじ》の姓《かばね》を称していて、画師の称をもつものは見当らない。

　これに比して、山背画師は他の記録に現われず、山背の氏を称する画工も見えない。山背の氏を名のる家系はいくつかあるが、『日本書紀』の「神代紀」の子生みくらべの神話のなかで、素戔鳴尊《すさのおのみこと》が玉から吹き出した神として、

「天津《あまつ》彦根《ひこね》命是凡河内直、山代直等祖也」

というのがある。この山代《やましろの》（背）直《あたい》は、天武十二年（六八四）凡川内《おおしこうち》直・黄文造らととも

に連姓を授けられ、さらに同十四年（六八六）凡川内・倭漢《やまとのあや》らの氏とともに忌寸《いみき》の姓に改められており、『新撰姓氏録』の山城国神別・天孫の部には、

「山背忌寸、天都比古禰《あまつひこね》命の子、天麻比止都禰《あめまひとつ》（この禰の字は誤入と考えられる）命の後なり」

と記されている。「神代紀」の天孫降臨の章の一書に「天目一箇神《あめまひとつ》」が出てくるが、ここでは「作金者」と注がつけられ、民俗学では金属製錬・鍛冶の神がしばしば一つ目であることが指摘される。おそらく、山背直は、本来金属加工にかかわる工人をひきいていたのだろう。そうだとすれば、金工の図案下絵などと関係することから、画工を出したとしてもふしぎではあるまい。

そして、朝鮮との関連説話をもつ素戔嗚を祖とし、朝鮮から渡来した黄文・倭漢などとともに賜姓が行なわれているので、この金工技術者はもとより、それをひきいた山背直も本来は同じく半島からの移住者であろう。『新撰姓氏録』でも、左京諸蕃の部にある山代忌寸は、

「出自魯《ろ》国白龍王なり」

と注記されている。だいたい山城国の南部には高句麗系が分布し、狛《こま》の地名を残しているくらいだから、この山背の一族もそれに加えておく。後に山背の氏をもつ画工がみえない

といったが、高麗（狛）を称する画工があるのは、あるいはこの族系から出たものかも知れない。

簀秦・河内・楢

簀秦、もしくは箐秦は、八世紀半ばには近江国でも湖東の犬上《いぬがみ》郡に本籍を置いて、画工司や後述する造東大寺司に数名の画工を送り出している。弘仁三年（八一二）に外従五位下に叙せられ、同六年（八一五）西市正《にしのいちのかみ》に任ぜられた笠麻呂《かさまろ》が、画工ではなかったらしいのに、簀秦画師と記されているから、この氏は後代まで画師の称を姓《かばね》のようにつけていたのだろう。秦の字がついているので、ふつうは秦氏の支流と考えられている。秦氏は、その渡来の始祖が始皇帝の後と称し、機織の術を伝えたので、秦の字を書いてハタとよませたのだが、新羅系だろうとされている。しかし、本流の太秦《うずまさ》氏は別として、多く秦椋部《はたのくらべ》・秦井手《はたのいで》・依智秦《えちのはた》などと職掌や地名と複合した氏を称しているのだが、簀が何をさすのか不明である。近江には七世紀半ばに朝鮮三国の争乱から亡命してきて安住したものが多いから、これもその一部だとすると、七世紀初頭に画師の称を与えられたとすることはできなくなる。

河内画師は、簀秦と同じく八世紀の画工司・造東大寺司に多くの画工を出し、一族の河内画師祖足《おやたり》などは造東大寺司判官となり、天平宝字三年（七五九）に御杖連《みつえのむらじ》と氏姓を改められている。氏のごとく河内国丹比《たじひ》郡土師《はじ》里に本籍があり、『新撰姓氏録』の河内国諸蕃の部には、河内画師をあげて魏《ぎ》の陳思《ちんし》王曹植《おうそうしょく》の後としている。もっとも、河内の氏を名のるものはこの他にも、

「河内忌寸、山代忌寸と同祖、魯国白龍王の後なり」

「河内造（一本連）、下村主《しものすぐり》と同祖、後漢の光武帝の七世紀の孫慎近王の後なり」

「河内連、百済国都慕王の男陰太貴首王より出《い》づるなり」

というのがあり、その祖系はかならずしも一様ではないようだが、河内画師は百済系かと推測される。

　最後の楢画師は、画工としても、氏としても記録上に手がかりがない。大井《おおい》王に奈良《ならの》真人《まうと》の賜姓のあったのは天平勝宝三年（七五一）、秦忌寸長野《はたのいみきながの》らに奈良忌寸の氏姓を与えたのは、さらにおくれて宝亀七年（七七六）のことで、この楢と結びつけるわけにはいかない。また、一説では、『続日本紀』の和銅七年（七一四）条にみえる大和国添上《そえがみ》郡の奈《な》良許《らのこ》知麻呂《ちのまろ》の名か許知（己智）の一族ではないかという。かなり後だが、承和十年（八四三）に大滝宿禰《おおたきのすくね》の氏姓を与えられた出羽国の外従五位下勲八等奈良己智豊継《とよつぎ》は、「其の先は百済国の人なり」とされている。ところが、石山寺造営の時に仏師を出している己智氏

については、『新撰姓氏録』が大和国諸蕃の部で、

「己智、秦の太子胡亥《こがい》の後なり」

としているので、その出自は明らかとはいえない。とにかく、奈良己智は、己智の氏と居住地の奈良が複合したもので、こういうよび方は他にもあり、百済訳語の家である訳語《おさ》（曰佐）氏でも、奈良訳語恵明《えみょう》・楢曰佐河内などの名が見えるから、楢画師を確証のないままに己智の族系と断ずることはむりがある。もし、しいて他の地名を求めるならば、『日本書紀』の欽明天皇二十六年条に、

「高麗人頭霧唎耶陛《づむりやへ》等、筑紫《つくし》に投化し、山背国に置く。今の畝原《うねはら》・奈羅《なら》・山村《やまむら》の高麗人の先祖なり」

とある奈羅だろうか。これをとれば、山城国久世郡、いまの京都府南部の八幡町あたりにいた高麗人ということになる。なんにしても、楢画師というのは、他の画師以上に手がかりがなく、その存在を確かめえない。

「推古紀」と『伝暦』

以上で整理したように、七〜八世紀の後出の資料からみて、簀秦・河内は画工を出し、かつ画師を称しているが、黄書は画工を出してはいるものの、画師を称した例を見ない。

さらに、山背のばあいは、画工も画師を称したものも現われず、楢にいたってはその氏姓すら明らかではない。もちろん、現存する資料のかたよりということを考えれば、文献に名前が見えないからといって、まったく画工を出してはいないとか、画師の称を与えられたのではないとかいうことにもなるまい。これらの氏の一部が画工として活動したというのは何かの根拠があったのだろうし、その残存する資料の多少は、その氏が七～八世紀の作画活動に参与した度合を反映しているとみてよかろう。

ただ、『伝暦』のあげる五氏が、すべて初めから画師に定められたものか、「推古紀」と一致する二氏のみだったろうか、という疑問は残る。

『日本書紀』は天武天皇の命令でその皇子舎人《とねり》親王が編集したものだけに、天皇の功業をたたえることに意を注いでおり、天皇がその即位前に兄天智天皇の子大友《おおとも》皇子を倒した壬申《じんしん》の乱（六七二）についても、天武天皇方で活躍した人物はことさらくわしく記されている。そのなかに、最初吉野にひそんだ天武天皇に随身し、乱の発生からそのために働いたものとして、黄書造大伴《おおとも》・山背直小林《おばやし》の名があることは注目に値する。「推古紀」が黄書・山背のみをあげたのは、あるいはこの乱にてがらのあった両氏の祖の栄誉を特記したものと考えることもできるからである。

しかし、画工がそれほど高位のものとしてあつかわれなかった時期のことであるから、実際に画師を称し、画工を多く出していた氏をわざわざ除いて、それほどではなかった二氏のみを残したとするのは不自然である。やはり、七世紀初頭の時点では、黄書・山背の両氏のみが画師となったので、楢はともかく、八世紀に入って実際に活動の大きかった簀秦・河内の画師は、『伝暦』あるいはその典拠となった資料の段階で増補したとみるほうが素直だろう。

さて、黄書・山背の両氏がまず画師に定められたとなると、この二氏が高句麗系だと考えられることが問題になる。というのは、因斯羅我にしても、白加にしても、それまでに渡来したと伝えられる画工がすべて百済系であるのに、白加の渡来から間もない時に、なぜそれまで記録には登場しなかった高句麗系画工が画師に選ばれたのだろうか。後代に活動した簀秦・河内がそれぞれ新羅系・百済系と推定されるから、なおのことふしぎである。その点で、飛鳥寺の堂塔の造営の最初には、仏舎利・僧侶・工人ともに百済から送られているのに、寺ができた時点では、百済の僧慧聡《えそう》とともに高句麗から来た慧慈《えじ》を置き、本尊の造立には高句麗王の援助を受けていることが注目される。このことは、画師の制定よりややおくれるが、推古十八年（六一〇）高句麗僧曇徴《どんちょう》が紙・墨・絵具の製法を伝えたことや、飛鳥寺・法隆寺などのいわゆる止利《とり》様式の仏像が、南朝＝百済系というよりは北魏＝高句麗系としてとらえられるということとあわせて、この時期に高句麗文化を積極的に受容したことをうかがわせる。これには、対新羅関係の緊張とあいまって、高句麗へ接近したという当時の外交政策もあったろうが「新しい権力構造を意図した聖徳太子が、それまでの百済系工人をひきいる東漢氏が蘇我氏の配下にあったことに対して、天皇家のもとに別系の工人を組織しようとした文化政策がその背後にあるのではなかろうか。画工の長としての画師が高句麗系から選ばれたというのも、その情況のなかでとらえられよう。

天寿国繡帳

太子往生の国

聖徳太子の宮殿斑鳩《いかるが》宮址に建てられた夢殿の一画の北に隣接して、太子開基と伝える中宮尼寺がある。ここには有名な本尊菩薩半跏思惟《ぼさつはんかしい》像（弥勒菩薩？　寺伝如意輪）の前に、いまは縦横一メートル足らずの破損した一帳と、数個の断片が残されているのにすぎないが、『天寿国繡帳《てんじゅこくしゅうちょう》』とよばれる仏画の刺繡がある。天平二十年（七四八）の『法隆寺伽藍縁起幷流記資財帳』に、

「繡帳貳張具帯廿二条、鈴三百九十三
右納賜浄御原宮御宇天皇者」

図 4　『天寿国繡帳』〔部分〕（中宮寺蔵）

とあるのが、それと考えられ、天武天皇によって奉納されたらしいが、その後は宝蔵に秘せられてながく人目にふれず、伝えるところによれば、一三世紀に入って、中宮寺の尼僧が夢想を得て探し出し、それ以来中宮寺に移されたという。

現存するのは一部分にすぎず、しかも、一三世紀の発見の時にかなりの補修が加えられているので、原形の全体を再現することはできないが、画中に亀の形をぬいとりにし、その甲に四文字ずつをあらわしているのが目を引く。いま残っているのは亀で五個、二〇文字しかないが、もとは全面に一〇〇個の亀を配し、四〇〇字の銘文を作って、繡帳制作の由来を記してあったという。幸いなことには、最古の聖徳太子伝で

図5　『天寿国繡帳』銘文亀甲部分（中宮寺蔵）

ある『上宮聖徳法王帝説《じょうぐうしょうとくほうおうていせつ》』が、失われる以前の全文を書きとめてくれている。それによれば、その前半には聖徳太子一族の家譜を述べ、その後半に、「辛巳《しんし》」の年（推古二九、六二一）十二月二十日に太子の母后孔部間人《あなほべのはしひと》皇女が死に、その翌年二月二十二日の夜半、太子が亡くなったので、その妃の一人「多至波奈《たちばな》大女郎《のおおいらつめ》」が嘆いて、「世間虚仮、唯仏是真」といって太子の往生されたはずの天寿国の有様を描かせたいと、推古天皇に願ったところ、采女《うねめ》（地方貴族から貢進した女性）らに勅して繡帳二張を造らせたことが記されている。この「世間虚仮、唯仏是真」という太子の仏教信仰告白を伝えたことや、法隆寺金堂の「釈迦光背銘」とともに、太子の死を推古二十九年とする『日本書紀』の誤りを訂正していることで、この銘文は重要であるが、ここではその「画者」の名を明記している点で、なににもまして貴重である。

日本の古代絵画史において、意外なほど多くの画工の名が記録に残されている。だが、作品と結びつけることのできるものはまずないといっていい。また、作品の遺存する例もかならずしも少なくはない。しかし、その作者を確定できるものはあるまい。そのなかで、断片とはいいながら、推古三十年（六二二）という作期が明らかで、画工の名を知ることのできる『天寿国繍帳』のあることは驚異ですらある。その銘文末尾の二四字は、次のとおりである。

「画者、東漢末賢、高麗加西溢、又漢奴加己利、令者椋部秦久麻」

下絵の画工たち

東漢《やまとのあや》は、すでに述べたとおり、その族長は直《あたい》の姓《かばね》をもち、渡来した技術者群をひきいていたのだが、その一族のなかから画工が出ていることは興味をひく。末賢、マッケンとよむのだろうが、姓をつけていないところをみると、同族とはいっても地位の低い属民だったろうか。漢奴加己利《あやのぬかこり》についてみれば、漢は、東漢・西漢を総称して漢とよんでいる例が『日本書紀』にみえるが、ここではその前に東漢末賢があるから、そのような漠然とした呼称ではなかろう。だとすると、通常は漢人《あやひと》、もしくは漢部《あやべ》とよばれるべきものの、人もしくは部が省略されたのだろう。ただし、漢人も、新漢人《いまきのあやひと》・志賀《しがの》漢人・忍海《おしぬみの》漢人などと複姓で称されているものが多く、系譜もいくつかあるようなので、そのいずれに属するか不明である。奴加己利という名がすでに日本風になっているので、渡来後世代を経ていることが想像される。これに比して、高麗加西溢《こまのかせいいつ(?)》はその名に故国の風を残している。「敏達紀」に高麗恵便《えべん》の名が見えるが、「僧還俗者」とあって恵便は僧名と考えられ、高麗は氏ではなくて高麗人の意だろうから、高麗を氏とするものとしてはこの加西溢が初見であり、渡来後あまり遠くないと思われるものの、その年代・系譜は知ることができない。

また、「令者《うながせるは》、椋部秦久麻《くらべのはたのくま》」の令者は、画工の長ではなく、繡帳制作の行事の監督であろう。『古語拾遺《こごしゅうい》』に、

「これより後、諸国の貢調年々に盈《み》ち溢《あふ》れ、さらに大蔵《おおくら》を立つ。蘇我麻智宿禰《そがのまちのすくね》をして三蔵斎蔵・内蔵・大蔵を検校《けんぎょう》せしむ。秦氏其の物を出納《すいとう》し、東《やまと》・西文《かわちのふみ》氏其の簿を勘録す」

とあり、大和国家の貢納は蘇我氏が管掌し、その下で秦造《はたのみやつこ》が収納をつかさどっていたというが、さらにその配下に秦倉《はたのくら》（椋）人《ひと》があって、秦倉（椋）部をひきいて実務にあたっていた。この「椋部秦」はその一人であるが、この組織のなかでも下級の椋部の監督を受けていたということになるので、画工たちの社会的地位はあまり高くなかったことがわかる。東漢に直の姓がつかないのはもとより、漢に人のつかないのも、記述の省略というより、人姓をもつ氏に隷属していたからとみるほうがいいかも知れない。

ただ、この繡帳が聖徳太子の供養のために制作されながら、太子の制定した画師たちの

手によらず、蘇我氏の配下にあった秦・東漢らが中心になっていることは注意する必要がある。おそらく、まだ新しい画師の職掌がじゅうぶんに機能せず、むしろ古い工人の組織が主体になったのだろう。それでいながら、比較的近い時期に渡来したと考えられる高句麗系画工が加わっていることには、やはり新しい傾向の反映が認められる。羅《ら》（薄絹）にさまざまな染めの絹糸で刺繡をしたものであるし、残片なので、絵画としての全体の構図や筆法を論ずるわけにはいかず、部分的な図がらから見るしかないが、顧愷之の作という『女史箴図』などにくらべれば、生硬の感は免がれない。もちろん、それには画技の優劣ということもあるが、彫刻における止利様式と同じく、北朝＝高句麗系の流れが出ているのではないか。楽浪出土の漆彩篋《きょう》（小箱）の装画や高句麗の古墳壁画との類以が指摘されていることからも、それはうかがえよう。

高麗画師子麻呂

記録の上でも、このすこしあと七世紀半ばに、高麗を名のる画工の活動が見えている。『日本書紀』の「孝徳紀」白雉《しらきぎす》四年（六五三）六月、最初の遣隋使にともなって留学し、いわゆる大化の改新の政治顧問となった旻《みん》法師の死を記した条に、天皇がその死をとむらって、

「ついに法師のために、画工狛竪部子麻呂・鯽魚戸直等に命じて、多く仏菩薩の像を造り、川原寺に安置すある本に云ふ、山田寺に在りと」

という。

このうち、鯽魚戸は『釈日本紀』以来フナトとよまれ、他の記録では道祖と記された氏がそれだろうと考えられている。『新撰姓氏録』の右京諸蕃の部に、

「道祖史《ふなとのふひと》、百済の王孫許里《こり》公の後なり」

というのがあり、『三代実録』貞観七年（八六五）の条に、惟道宿禰《これみちのすくね》の氏姓を与えられた右京人造酒令史《みきのさかん》正六位上道祖史永主《ながぬし》らについて、

「其の先は百済国の人王孫許里より出づ」

と同じ系譜を記している。また、同書の貞観四年（八六二）の条に、同じく惟道宿禰と改められた右京人中宮少属《ちゅうぐうのしょうさかん》正八位上道祖史豊富《とよとみ》については、

「阿智使主《あちのおみ》の党類、百済より同じく来帰す」

としているから、東漢氏と親近関係にあるとされていたようである。ただ、『続日本紀』の宝亀十一年（七八〇）の条に、伊勢大目《いせのだいさかん》正六位上道祖首《おびと》公麻呂《きみまろ》らが三林公《みつばやしのきみ》という氏姓を授けられているが、『新撰姓氏録』の大和諸蕃の部にみえる三林公は、

「己智と同祖、諸歯《もろは》王の後なり」

とあるから、この一族は秦《はた》系に属していたのだろう。しかも、これらが史・首の姓であるのに、鯽魚戸は直姓だから、どちらに結びつくとも確定できない。

いま一人の狛竪部子麻呂は、狛《こま》を冠しているので高麗人であることは明らかであるが、竪部は写本によると竪部となっているものもあり、どちらともきめかねる。竪部とすると、『釈日本紀』ではタタマサベ、いまふつうはタテベと訓をつけるが、「日本古典文学大系」の頭注では、タテベとしたうえで、

「竪は豎《じゅ》の俗字。豎は孺《じゅ》に通ずるので、ワラハベ・チヒサコベ（小子部）と訓む説もあるが詳らかでない。あるいは高句麗本土の氏姓か」

とする。タテベとよむばあい、あとで倭画師との関係で述べる楯戸弁《たてべのべ》麻呂《まろ》が問題になるが、楯戸にしても族系は不明である。もし竪部《かたべ》だとすると、八世紀には使主《おみ》の姓をもつ竪部の氏人が中級官人になっている例を見る。使主という姓からみて渡来者系だというだけで、やはり系譜はわからない。

ところが、「斉明紀」の五年（六五九）の条に、

「又高麗の使人、羆《しくま》の皮一枚を持ちて、其の価を称《はか》りて、綿六十斤と曰《い》ふ、市司《いちのつかさ》咲《わら》ひて避《さ》去りぬ、高麗画師子麻呂、同姓の賓《ひん》を私の家に設くる日、官の羆の皮七十枚を借りて、賓の席と為す、客等羞《は》ぢ怍《あやし》みて退《まか》りぬ」

という記事がある。「斉明紀」には二年（六五六）から六年（六六〇）正月までの間、高句麗使人の来着の記事がなく、「又」とはいっても、前後の記事とはまったく関連のない挿話なので、真偽のほどは不明で、名を「高麗画師麻呂」とした伝本も多いので疑問はあるが、年代の点からいってさきの狛竪（堅）部子麻呂と同一人物とみるのがふつうである。子麻呂という日本名からして二世以後だろうが、同姓の高句麗使人をわが家に招いたというから、まだ母国の血族的因縁が断絶していない世代といえる。そうしてみると、やはり七世紀初頭に渡来した家系だろう。この子麻呂を同一人物とすれば、「孝徳紀」ではただ画工と記されたものが、ここで「高麗画師」となっているのは、巻による記述のちがいではなく、まだ制度として確立していたとはいいきれないが、職掌としての画師の称を授けられたとみるべきだろう。しかも、前の記事では画工とあるから、画師は当然事務官ではなく、いわば主任技術者である。

なぞの画師倭

大崗忌寸の家譜

前章の最初に渡来した画工因斯羅我について述べたところで、『新撰姓氏録』の大崗忌寸の家譜をあげた。その概要をくり返せば、雄略天皇の代に魏の文帝の子孫安貴公が四部の衆をひきいて渡来し、その男龍（辰貴）が絵画を善くして武烈天皇から首の姓を賜わり、五世の孫勤大壱恵尊がまた画技にたくみだったので、天智天皇の代に倭画師の姓を授けられ、神護景雲三年（七六九）に「居地によって」大崗忌寸と改められたという。大崗は大和国添上郡大岡郷（櫟本付近かという）とされるが、『続日本紀』の神護景雲三年（七六九）の条の改姓の記事では、

「左京人正六位上倭画師種麻呂《たねまろ》等十八人、姓を大岡忌寸と賜ふ」

とあるから、この時にはすでに京中に居を移していたのだろう。

ところで、この家譜と、この家にかかわる断片的な記録をみていくと、いくつかのなぞがある。安貴公が「雄略紀」にいう因斯羅我にあたり、他の工人高貴・堅貴の名とそろえたのだろうということは、前に述べたが、その子龍の別称を辰貴としたのも、龍＝辰に同じく貴をつけたものとみえる。この龍がよく絵画を描いたので首姓を賜い、五世の孫恵尊も画技にすぐれて倭画師の姓を授けられたというが、ふしぎなことにそれまでなんという氏を称していたのか記されていない。また、倭画師を氏姓としてどうとらえるのか、それも明らかではない。記録の上で「賜姓」というばあい、黄書造が黄書連となったように、まさに姓《かばね》を改められたときにも、比瑠臣《ひるのおみ》麻呂らが浄原臣《きよはらのおみ》となった例（『続日本紀』延暦一）

のように、氏のみを改められたときにも、大崗（岡）忌寸のように氏・姓ともに改められているときにも使用しているから、「賜姓倭画師」の解釈はかんたんにはいかない。

だいたい、この賜姓が天智天皇の時代とされているが、恵尊の位階勤大壱《ごんだいいつ》というのは、これよりあとの天武十四年（六八六）に制定されたものだけに、この記述の正確さは検討の余地がある。『日本書紀』の天武六年（六七八）五月三日の条に、

「是日、倭画師音檮《おとかし》に小山下《しょうせんげ》の位を授く。乃《すなわ》ち封《ふ》廿戸」

とあるのが正史にみえる最初だから、賜姓がこれ以前であることは確かで、天智天皇の代というのは何か根拠があったのかも知れない。音檮の叙位も、これより少し前の天智十年（六七一）に、「兵法に閑《なら》へり」「薬を解《し》れり」「五経に明らかなり」「陰陽《おんよう》に閑へり」などの技能をもった多くの百済人たちに大山下・小山上などの位階が与えられているのと同じに、その技能に対するものだろう。封戸《ふこ》（その戸の貢祖・労役の一部が与えられる）の賜与も、あるいは特定の作画活動への報賞と考えられる。

そうなると、倭画師というのは、黄書・山背などと同様、倭の氏に職掌としての画師をつけたのだろうか。『新撰姓氏録』の大和国神別の部に、「神知津彦命《かむちつひこのみこと》、一名椎根津彦《しいねつひこ》」の後で「大和国造《やまとのくにのみやつこ》」の一族とするヤマト（和・倭・大和・大倭・大養徳）の氏で、直・連・宿禰などの姓をもつのは、これと関係はない。延暦二年（七八三）に史《ふひと》から朝臣《あそん》に姓を改

められた和氏《やまと》は、『新撰姓氏録』には左京諸蕃の部で、

「百済国都慕王十八世の孫武寧王の後なり」

とあるが、この氏についての記録は八世紀も末近くからしか現われない。また、百済系の工人をひきいて、その氏のなかからも画工を出している東漢氏も、ヤマトと省略される可能性がないでもないが、この氏は蘇我氏の滅亡でいったん退けられ、許されたのがちょうど倭画師音檮の叙位の直後の天武六年六月のことだから、これと結びつけるわけにはいかない。とにかく、倭画師の「賜姓」以前の氏がわからないので、他のヤマトと結びつけてみることでは解釈がつかず、倭画師という名号をもう少し検討してみる必要がある。

画師・倭画師

その点でふしぎなのは、『続日本紀』の霊亀一年（七一五）五月の条にみえる記事である。

「従六位下画師忍勝《おしかつ》の姓を改めて倭画師となす」

この時点ではすでに『大宝令』が施行されていることを考えると、この忍勝の冠した「画師」が氏なのか、画工司の職員としての画師を意味するのかが、まず問題となる。そのばあい、第一章で述べたように、『大宝令』の規定では画師は無位、その地位がやや上

昇してからもせいぜい正七位上どまりぐらいだから、従六位下という忍勝を画工司の画師とは考えにくい。しかも、画師従六位下忍勝とはせず、従六位下画師忍勝としているのだから、一般的な画工という意味の画師でもありえない。

これに近い例をさがすと、すこし後だが『続日本紀』の宝亀二年（七七一）二月の条に、

「因幡《いなば》国の高草《たかくさ》の采女《うねめ》従五位下 国造《くにのみやつこ》浄成女《きよなりめ》等七人に姓を因幡国造と賜ふ」

という記事がある。大和国家の時代に地方の支配者であった国造の一族が、そのままそれを氏として名のっていたのだろうが、この時に他の地の国造の族と区別する意味もあったのだろうか、その居地の国名因幡を冠したものと考えられる。因幡国造というのは複合した氏とみることもできるし、因幡を氏として国造を姓《かばね》に相当するものとみることもできよう。画師を倭画師としたというのは、これと似たものではなかろうか。

ただ、天智天皇の代に賜姓があったといい、天武天皇の代に音檮の名をとどめている倭画師と、ここで改姓のあった倭画師との関係をどう説明するかという疑問は残る。そこで、倭画師を氏姓とは考えず、すぐれた官画工に与えられる名誉の称号とする説も出てくる。

『続日本紀』天平十七年（七四五）四月の条に、

「正六位上託陀真玉《たくだのまたま》、養徳《やまと》画師楯戸弁麻呂、葛井連諸会《ふじいのむらじもろえ》、茨田宿禰《まんだのすくね》枚麻呂《ひらまろ》、丹治間人宿《たじひのはしひとのす》禰和珥麻呂《くねわにまろ》、正七位下国君麻呂《くにのきみまろ》、並びに外従五位下を授く」

とある。ここにみえる国君麻呂は、後に国中連《くになかのむらじ》公麻呂《きみまろ》として知られ、東大寺大仏造営に功のあった人物であり、託陀真玉もまたそれにかかわった工人であろう。この叙位も、前年十一月に着手された東大寺大仏の前身にあたる甲賀寺の大仏造営の関係者に対するものとみていい。そのなかで「養徳画師楯戸弁麻呂」とあるのは、楯戸弁麻呂（これが前述した狛堅部とかさなるかということはともかくとして）という画工に養徳画師という称を冠したようにもみえる。しかし、『続日本紀考證』では、これを義徳画師楯戸《たてべ》と同弁麻呂の二人とし、『続日本紀私記』では、養徳画師の下に「忍勝」を補い、楯戸弁麻呂は別人とするなど、この部分には誤脱の疑いがあり、かんたんに結論は出せない。

八世紀後半のことになるが、天平宝字二年（七五八）ごろの東大寺写経所関係の文書のなかに、画工ではなく経師として「左京史生無位倭画師雄《お》（小）弓《ゆみ》」の名が散見するから、倭画師はやはり称号ではなく、簀秦画師・河内画師などと同じく氏姓として定着したのだろう。なお、「正倉院文書」の天平宝字三年（七五九）四月八日づけの生江息嶋《いくえのおきしま》のさしだした報告書のうちに、「倭画師池守《いけもり》」の名が見え、おそらくこれと関連すると考えられる翌年三月二十日づけの未進の稲を納めることを報告した文書に、「画師池守」の署名があるうえ、紙面に「画師池守印」という印が押してある。ここで画工でもない倭画師が画師とも称していることは、やはりはじめは画師を氏のごとくに名のっていたものが倭画師と改めたことの傍証となるのではあるまいか。その時期は、他の改姓の例からみても、かならずしも一族すべてが同時と考える必要はない。一部のものは天智天皇の代に、また他のものが霊亀年間に変わったとしてもさしつかえなかろう。

画師という称

まだあいまいな点はあるが、この画師が倭画師となったということのうちに、官司の組織がしだいに整備されていく過程での「画師」という称号の変化がよみとれるように思える。

筆・墨、なかには中国・朝鮮から輸入しなければならないものをふくんだ良質の顔料など、新しい材質を駆使しての高度の技法を要求する絵画がもたらされ、しかも政府が文化政策として積極的に採用することを必要としたとき、中国とはちがってまだ数少ない画工を確保し、養成・伝習の方策を立てねばならなかったにちがいない。聖徳太子の業績として伝えられる黄書・山背の両画師の制定は、画工の集団的な制作活動の統率者として、また他の画工の技術指導者として、まさに「画の師」を選び、増加する作画需要に対応しようとしたのである。しかし、この画師の地位はまだ制度として定着するまでにはいたらず、ましてや世襲化して「永く名業と為す」わけにはいかなかったようである。黄書・山背ともに後に画師を名のるもののないことからも、それは確かめられる。それには、画師を制定した聖徳太子の死とそれにつづく政情の不安、さらに蘇我氏の滅亡による渡来者系工人群をひきいていた東漢氏の後退、部民《べみん》制を軸とする古い工人組織の解体などが、画工集団の形成を流動的にしていたからだろう。

しかし、その反面、律令国家が安定していくのにつれて、都城・宮殿の造築もしだいに規模を大にし、政府・貴族による寺院・仏像の供養はよりさかんになって、作画活動への需要はいっそうたかまっているうえ、遣隋・遣唐使の発遣や新羅使の来航を通して新しい絵画とその技法が直接に導入され、大きな刺激を与えている。こうなると、画工のうちでも蘇我氏・東漢氏とともに衰退した一部の家系はあったとしても、秦・漢人などを称した旧来の新羅・百済系技術者はもとより、その後に渡来した工人たちを加えて、新しいいくつかの画工集団が形成されたことは想像にかたくない。ことに、七世紀半ばの唐と連合した新羅による半島統一の戦乱の際、その難を逃れて来た多くの渡来者のうちに、画技に習熟していたものがあったらしいことは、この渡来者の一部を定住させた近江からかなりの画工が出ていることにもうかがえる。

これらの画工集団の内部構造、政府への従属のしかた、あるいは絵画制作の具体的な過程については、残念ながら資料不足でたどるすべがない。『近江令』あるいは『飛鳥浄御《あすかきよみ》原令《はら》』では、まだ画工司の制が成立していた確証はないが、大化以後の官司制の整頓していくなかで、これらの画工集団を組織化する試みがあったとしても当然である。おそらく同族が核となっていたのだろうが、このような画工集団のなかでも、制作のばあいに指導的な地位を占める小集団、もしくはその集団の長となる氏に「画師」の称を与えた、あるいはその氏がみずから「画師」を称するようになったと考えられる。高麗画師にはまだ職掌としての感が強いが、やがて画工の家の指導的地位を誇示する称に転じていったのではないか。

天武天皇十三年(六八四)に、それまでの姓《かばね》を整理して「八色《やくさ》の姓《かばね》」を定めたというが、その第五に道師《みちのし》というのがある。実際には道師という姓は賜与されていないし、後世にその姓をつけた氏もないので、『釈日本紀』では「未詳」とし、本居宣長《もとおりのりなが》の『古事記伝』でも、一度定めたのだが、そのとおりには施行されなかったのだろう、としている。それに対して『書紀集解』では、諸技芸の師となるべきものに与えた姓の総称で、具体的には難《なに》波薬師《わのくすし》・河内画師などの類であるという。もしそうだとすれば、画師を称するものがいくつか出てきたため、むしろそれを姓として制度化し、社会的に定着しようとしたと考えられる。簀秦・河内・宇自可《うじか》(牛鹿)など、すべてが画工になったわけではないのにかかわらず、氏とともに画師を称しているのは、それで説明がつけられる。

倭画師もその一つといえるが、本来の氏を画師としたらしいことについては推論するより他はない。『日本書紀』の「天武即位前紀」の壬申の乱の記事に、大友皇子方の将として智尊《ちそん》とのみ記した例があり、渡来者の家系では最初のうち日本風の氏をつけないものがあったとも考えられるから、龍（辰貴）・恵尊の段階で氏を記していないのも、あるいはその例に加えられるのかも知れない。それが自分たちの始祖を最初の画工とすることから、まだ画師の称が流動的な時期に氏のごとくに名のるようになり、やがてその称が姓《かばね》化するなかで居地の大和を冠することになったのだろう。忍勝についていえば、その年代はすでに画工司の職員としての画師が定められていたのだから、それと区別するためにも改姓は当然の処置であったといえる。ただ、この後にも天平勝宝九年（七五七）東大寺大仏殿の装飾にあたった画工のなかに、「少初位上画師浄足」の名が見えるから、一部にはまだ画師を氏としていたものがあるのかも知れない。

4　画工司の活動

画工司の成立

官司工房の形成

中国という先進地域を核とする東アジアの文化圏の東縁で日本がおくれて古代国家の統一に向かった時、支配者にとって中国・朝鮮の進んだ技術を独占することが、権力を掌握するためには必須の手段であった。まず朝鮮から渡来した工人をそれぞれの職種ごとに伴造とよばれる氏のもとで部民《べみん》として編成し、秦氏や漢氏など有力な渡来者系氏族がそれを統轄して生産物を管理していたことは、さきにふれたとおりである。六世紀から七世紀半ばにかけて、蘇我氏がやがて天皇を号する大王家に対抗しえたのは、秦・漢両氏を勢力下に置いていたからである。七世紀に入って天皇を頂点とする集権的な国家体制を築こうとする動きが出てくると、その体制の一部としてこれらの工人を再編成する試みが行なわれたのは当然である。聖徳太子による画師の制定は、その一つの現われであろう。

やがて大化以後に唐制をとり入れての官司の制度が整備されていくなかで、工人の組織はより重要な部分を占めるようになる。というのは、このころから実現した唐との直接の交流によって、いっそう高度な美術工芸の導入が求められたからである。長期にわたって分裂していた中国の統一を完成した唐の王朝が、首都長安を中心に展開した文化の花やかさは前後に比類がなく、今日から見ても驚くべきものである。生死をかけて波浪を越えた日本の遣唐使人の一行が、むさぼるようにその文物を移入し、急速に技術を学びとろうとしたのはもっともなことである。それだけに、その事業は政府主導とならざるをえず、官司工房が重要な役わりをはたしたわけである。

こうして古い工人組織を足場に先進的な技術を消化しなければならないという使命を負った官司工房は、すでに民間工房が発達している唐と同じような運営はできない。さきに画工司について指摘したところだが、律令そのものは唐のそれを規範としながらも、工人組織などの細部にいたってはすこぶる独自な性格をもっている。唐制では、宮廷の需要をみたすための祭器・調度・車輿・染織・金工など「百工伎巧の政」はすべて少府監の管下にあり、土木・建築などの工作は将作監がひきい、その他は図書を管理する官司に少数の造筆・造紙工と装潢《そうおう》（表装）工が配属されるにすぎない。新羅のばあいも、『三国史記』

の「職官志」の記載の脈絡に明らかでないところがあるが、さきにあげた工匠府と彩典を除くと、染宮・紅典・錦典・鉄鍮典・漆典・毛典・皮典・靴典・机概典・瓦器典など、多くの小規模な工房が、内省・御龍省の二省のもとに集中していたようである。それに比べると、日本の工人組織はいくつかの官司に分散配属されているのが特徴的である。

　日本の「職員令」によれば、まず中務省管下に縫殿寮《ぬいどののつかさ》と画工司があり、工房を中心とする官司ではないが、図書寮《ふみのつかさ》には造紙・造筆・造墨・装潢の工人が配属され、内廷の調度を備進する内蔵寮《うちのくらのつかさ》には履物や鞍を作る典履《てんり》と百済手部《くだらのてひとべ》が所属する。兵部省には造兵《つわもののつくりの》司《つかさ》、大蔵省に典鋳《いもじ》・漆部《ぬりべ》・縫部《ぬいべ》・織部《おりべ》の四司がある他、掃部《かもり》司の職掌には畳・簾などを造ることがふくまれ、また大蔵省の直轄下にも典履と百済手部・典革と狛部がある。さらに宮内省に木工寮《こだくみのつかさ》、鍛冶《かじ》・土工《つちたくみ》・筥陶《はこすえ》・内染《うちのそめもの》の四司があり、内掃部《うちのかもり》司には掃部司と同じく畳・簾などの製作がふくまれる。このうち、縫殿寮と縫部司、内掃部司と掃部司、内染司と織部司のうちの染色をつかさどるもの、内蔵司の典履と大蔵省の典履というふうに、同じ作業でも天皇をめぐる内廷用と政府官庁用とを分けて製作しているために、組織の重複するものもあり、上級官庁への配属のしかたは複雑である。

　画工も、この「職員令」にみえる画工司という形態で法制上の位置が確立したのだが、それが中務省という官庁に属しているのは説明がつけにくい。中務省は、詔勅の作成と、天皇側近の侍従や貴族女性・後宮女官の統制を本務とするので、作画に直接関係はなさそうである。しいていえば、同じ中務省管下の図書寮が「仏像および内外典籍、書法、屏風、障子、ならびに雑図絵等の類」を管理していたといい、令制にいう「経籍図書」には宮廷所用の仏画や装飾画がふくまれているから、その制作にあたる画工の組織を同じ系列下においたとすることはできる。いわば唐制の集賢殿書院の画直を小官司として独立させた形ともいえる。

画工司工人の増大

それにしても、典鋳・漆部・織部などの工房をかかえた大蔵省か、木工・土工などの建築工人をひきいる宮内省の管下に入るほうが自然のように考えられるのに、一見関連のうすい中務省に配属されたのは、第一章でも述べたとおり、他の工人とは組織の成り立ちがちがうからだろう。他の官司工房では工人の定員が少ないようにみえるものの、それは旧来の部民をひきいていた伴造層に限られていたので、じつはその下に部民の遺制と考えられる品部《しなべ》・雑戸《ざっこ》とよぶ在地の工人群が、実動労働力とも予備軍ともなってひろがっていたわけである。木工寮のばあい、職員としての工部には従来工匠として活動していた猪名部《いなべ》があてられたのだろうが、それ以外に「賦役令」で飛驒国の五〇戸から一〇人ずつのいわゆる飛驒工《ひだのたくみ》が徴集されているから、この下層労働力は令制以前に起源しているのだろう。それに比して画工司は、画部という名のあるにもかかわらず、さきに作画を業とした部民は存在したようすがない。たしかに画工は多くなり、画師を称する家もいくつか現われてはいるが、格からいえば他の工人の伴造層に相当するので、その下に部民にあたる画部・画戸を分化するほどの数ではなかったのだろう。画師四人に画部六〇人と工人の定数の多いことも、まだ底辺の組織がなく、技術の高いもののほとんどすべてを中央に集めたからだろうか。

また、令制成立の当初には六四人という画工の数は、作画需要にじゅうぶん見合うものだったはずである。おそらく、この画工群で宮廷の必要とする装飾画や、造営された官大寺の荘厳をはじめ、ときには上流貴族の求めによる絵画・図案の制作にも応じたと考えられる。だが、まもなく八世紀半ばも近くになると、いささか事情がちがってくる。一つには、平城遷都によって飛鳥・藤原の古京の地に散在していた諸大寺が新京内に寺地を与えられ、つぎつぎと造営が行なわれたことである。また天平十二年（七四〇）以来五年ほどの間に、恭仁京・紫香楽宮・難波京と転々としたあげくふたたび平城京にもどるなど、宮殿・邸宅の移築・造建がくりかえされたことである。これにともなう作画活動の量の増加はいうまでもない。さらに大きな事件は、天平十五年（七四三）に紫香楽宮で盧舎那《るしゃな》大仏の造立が発願《ほつがん》され、やがて平城京の東山に東大寺として完成した大寺院の造営である。この事業についてはあとでくわしく述べるが、ここで動員された画工の数は、その工事の規模から考えてもたいへんなものである。このなかで、画工司はその定員だけでは対応しきれなくなる。

天平宝字一〜二年（七五七―八）ごろ、東大寺の大仏殿の天井画の制作にかかったとき、画工司から画師・画部あわせて名前のわかっているだけで二五名が東大寺に派遣されている。もちろん、それだけでは足りるはずはなく、後述のように東大寺自体が独自に画工を集めてはいるが、画工司としてもこのなかで補強増員が計られている。その第一は他の長上工《ちょうじょうこう》の設置である。天平勝宝九年（七五九）の季禄を定めた格《きゃく》によると、画師に準ずるものとして金画《きんが》長上（金泥画工）・炙造丹胡粉《しゃぞうたんごふん》長上（絵具製造）などをあげているので、令制にはない専門工人を加えていったとみえる。第二は未選《みせん》である。これは他の官司でもあったのだろうが、文字どおり正式の選叙の手続きを経ていない定数外の職員を指すと考えられ、同じ天平勝宝九年には多くの未選が送りこまれて、それがそのまま大仏殿の装飾に参加している。第三には里人である。大仏殿の廂《ひさし》絵を制作したときに三六人の画工が参加しているが、そこでは画工司・造東大寺司の画工とならんで「里人」一六人を数えている。そのうちには、天平勝宝四年（七五二）に画工司の商工だったのだろうが、納経厨子《ずし》の扉絵の制作に加わっていて途中で退任したものや、さきに未選であったものをふくんでいるので、画技に習熟したものを「里人」の名で示されるように居住する本貫の地で画工司人の予備軍として登録し、必要に応じて徴募したものではあるまいか。この少し後の天平宝字六年（七六二）に、「漆を塗ることを知る」男を但馬《たじま》国から貢進している例があるから、他の工人にも似た仕組みがあったのかも知れないが、この画工の「里人」はあまり多い。これはむしろ先行する部民がなく、したがって品部・雑戸のような末端組織をもたなかったために、新しく開発された制度なのだろう。

在地の画工たち

そこで目につくことは、画工の層の厚くなっていることである。画工司の正規の画工の他、新たに編成された造東大寺司の画工群をみたしたばかりでなく、これだけ多くの控えの画工を用意できたという量の増大がまず問題となる。五～六世紀に渡来したものはもとよりすでに数代を経ているし、七世紀半ばの朝鮮の戦乱による大量の移住者のうちにあった工人の末にしてももう三代目ぐらいで、その系属だけでもかなりひろがっていたに相違ない。たとえば、河内画師は河内国丹比《たじひ》郡土師《はじ》里に一族がいて多くの画工を送り出している上、京に本貫を移しているものもあり、これと同系といわれる上村主《かみのすぐり》の氏も京に本貫を置くものの他、近江に居住した家がある。また、渡来者系以外にも画工が出るようになったことは、尾張・物部・能登などの氏を名のる工人のいることからもうかがえる。こういうもと作画とはかかわりのなかった氏から画工が出てきた過程は知るよしもないが、そのひろがりは注目される。

さらに、そのひろがりは地域的な面でも顕著に現われる。宮廷・大寺など都での画工としての活動が本格化したために京内に本居を置いたものも少なくないようだが、近江・河内・山城南部などの渡来者を多く安置した地域に、その大半があることは当然であろう。近江の簀秦画師、河内の河内画師、山城の黄文についてはすでに述べたとおりである。そのなかで息長丹生《おきながのにう》の一族は、考えてみなければならない存在である。天平十七年（七四五）画工司の令史として名のみえる息長丹生真人大国《おきながのにうのまうとおおくに》は、その後諸国の員外介《いんがいのすけ》（定員外の次官）などを歴任しているのも、東大寺・西大寺の造営に参与した功とみえ、やがて造宮《ぞうぐうの》少輔《しょうゆう》となったことが正史に出ているので、これは技術系官僚として出世頭となったのだろうが、この家系は他に画工を輩出している。天平勝宝四年（七五二）納経厨子の制作にあたった画工のうちに、同族の豊穂《とよほ》・真継《まつぎ》の名があり、その後の大仏殿の荘厳には太甘《いぬかい》・川守《かわもり》・広長《ひろなが》らが加わっている。この後の三者はいずれも京内に居住し、ことに広長は三段の土地と倉庫をふくむ家屋を私有していたようだが、もともと息長丹生の氏は近江に由来する。いま東海道線の通る琵琶湖東岸からかつての不破《ふわ》の関に至る谷間がむかしの息長川であり、その中間の醒《さめ》が井《い》のあたりから南へ入った支流の流域が丹生である。丹生の地名は日本全国に分布し、水酸化鉄をふくむ丹土《に》や水銀朱などの赤色顔料を産出した土地で、息長丹生は近江の息長でその種の顔料の採掘に従事した工人をひきいた氏であろう。真人の姓《かばね》は本来天皇の子孫に与えたものとされ、息長氏と同じく応神天皇の皇子を祖とすると称しているが、この地域は韓人・唐人を多く定住させているし、工人の主力は渡来者系であったろうから、息長丹生氏もそれとかかわりが深かったことは疑いもない。それも、八世紀には京内に本居を移しているところからみて、過去のことになるのだろうが、もと顔料の生産にあたった氏から画工を出していることは興味がある。

また、この地域の東方の美濃国不破郡からは百済系といわれる勝継人《かちのつぎひと》が、遠く西国では美作国《みまさか》久米郡から家部乙万呂《やかべのおとまろ》、伯耆国《ほうき》相見郡《あいみ》からは刑部緑万呂《おさかべのみどりまろ》が画工として上京しているから、その出身地が遠隔の国にまで及んでいるわけである。

それだけに、地方での画工の活動の可能性の素地ができたといえる。たとえば、天平九年（七三七）三月の『続日本紀』の記事に、

「詔して曰《い》ふ、国ごとに釈迦仏像一軀・挟侍菩薩二軀を造らしめ、かねて大般若経一部を写さしむ」

とあり、後の記事にはこの仏像が掛軸の形であったことを示す「一鋪《ぽ》」という数量で表現しているから、絵像か繡仏だったと考えられ、いずれにしても画工の手を経なければならないものである。しかも、この造像がきっかけになって、同十三年（七四一）国分寺の造営が始まっているので、いよいよ画工の活動の場はひろがったはずである。それと直接関係するかどうかはわからないが、同十年（七三八）に駿河国から提出された決算報告である『正税帳』に、前年度に同国を通過した官使の一人として、陸奥国から貢上する馬の部領使に「国画工大初位下奈気私造石嶋《なきのきさいちのみやつこいわしま》」の名が見える。医師などのように令の規定にはなくても、これからみると諸国にも画工が配置されていたことになる。対外防備のために造弩工《ぞうどこう》（弩はイシユミ）が縁海諸国に配置された例はあるから、作画の必要が生ずれば、画工が置かれたとしてもふしぎはない。『新撰姓氏録』山城国神別の条に奈癸《なき》私造が あり、久世郡那紀郷が本居だったらしいが、陸奥国にも現在のいわき市の周辺にかつて私《きさ》部《いち》郷・名木《なき》郷があるので、この画工が中央から派遣されたものか、すでに多く陸奥南部に移住していた渡来者の一部だったか明らかではない。とにかく大初位下を授けられているから、在地の有力な家の出身と考えられる。他に記録がなく、作品例の相当するものもないので、詳細を確かめようはないが、地方に画工が配置され、画技が伝習されていった事実は注目しなければならない。

画工の職能

描くことのすべて

これまで画工・画師ということばを用いてきたが、近代の画家と同じようにとらえられると困る。画工だからもちろん絵画を描くのだが、その〝絵画〟の範囲がきわめて広く、現代語でいえばデザイナーをふくみこむといったらよかろうか。主題は仏像・神仙・人物・鳥獣・山水・樹木草花・日月星辰などさまざまであり、かなり写実的な描写から図案化された文様に及ぶ。描きこむ素地も多様で、紙・絹・布帛などのばあい、屛風・障子（ついたて）・画幅・図巻、経巻の表紙・見返し、旗幟・幡《ばん》・幕などから、正倉院には布で作った面に男女の顔を描いたものもある。営造物の装飾画としては、高松塚石槨内壁画のように石に漆喰を塗った上に描いたもの、法隆寺金堂壁画などのように土壁に白土下地をほどこして描いたもの、柱・梁・天井の装飾のように木部に彩色するものと、その技法もさまざまである。

その他に仕事の量としてはむしろ多かったと考えられるのは、仏像・工芸品などの彩色・装飾である。仏像のばあい、木彫・乾漆については漆工との作業分担がどうだったか明らかでないが、塑《そ》像は画工が彩色をするのがふつうだったようである。また、台座・天蓋・厨子などの付属品や、木製仏具の彩色・装画も画工の仕事である。それから、一つ一つは小さなものだが、経巻の軸頭に朱や金泥を塗ったり、花文様などを描いたものがあり、天平十年（七三八）ごろの東大寺の『経巻納櫃《のうひつ》帳』にみえるものだけでも一五〇〇巻ぐらいあるから、画工としては量的にかなりの仕事となる。もちろん、寺院ばかりではなく、宮廷・貴族の調度の装飾も大部分は画工の手が加わっている。正倉院に現存する工芸品をみても、その種類はきわめて多い。そのなかで金銀泥絵とか、顔料に植物油と油の速乾剤とも光沢を増すためともいわれるが半透明の密陀《みつだ》僧《そう》（酸化鉛）を加えた密陀絵とよばれる一種の油絵、小さな水晶の薄片の裏に顔料で細密画を描いて木箱にはめこんだガラス絵の祖型とでもいうべきものなど、特異な技法を示す作品があり、これらはあるいはさきにあげた金画長上のように、画工のうちにそれを専門とする特殊技能者を生み出していたのかも知れない。

以上のように直接描くことの他に、各種工芸品の意匠・図案の下絵制作もまた画工の重要な仕事である。金工・漆工・染織・刺繡、さらには瓦の文様など、その範囲はすこぶる広い。正倉院には銅鏡の鏡背に鋳出する図の墨書下絵が残されており、このような鋳金あるいは彫金のいわゆる「様《よう》」＝下絵の存在を証明している。すでに『天寿国繡帳』で述べたように、刺繡の原画は画工が制作しているが、染織の図案なども多くはそうであったろう。天平勝宝八年（七五六）四月には、造東大寺司の画工が大仏殿所用とみえる「瓦様」を描いたという記録がある。漆工品のばあいは、仏像の彩色についてもふれたとおり、漆絵など漆工との作業分担は明らかではないが、螺鈿《らでん》・平脱のように貝・貴石・金銀などを漆にはめこむ細工は、図様制作にのみ画工が参加したと考えられる。こういう工芸品を飾る絵画や文様の下絵を作るとともに、器具の形状の意匠や作図もおそらく画工によるもので、広い意味でのデザイナーといえるだろう。

その上、いまの画家からでは考えにくいことだが、建築の設計図や地図を作る製図工でもあったことである。東大寺大仏殿の建造にあたって「大仏殿図」を画工が作成しているし、東大寺の寺地や寺領荘園の地図を書いており、そのいくつかは正倉院に残っている。また、『大宝令』の「軍防令」には、遠征軍の将が部下の勲功を報告するときに、その官

図6　銅鏡背下絵図（正倉院宝物）

位姓名・所属、戦功の内容をくわしく記し、戦闘のあった時と場所とを明らかにした上、「陣別の戦いの図」を書いて添えよと定めている。したがって、合戦におもむく軍隊にも画工が随行して戦陣の図を描いたことが考えられる。こうしてみると、当時の画工は、絵・図と名のつくもののすべてを手がけたということになる。もちろん、そのなかで多少の専門の分化はあったかも知れないが、画工というものが中世までその仕事の幅がかなり広かったことは注意しておきたい。

集団による制作

さらに、当時の画工が近代の画家とちがうところは、その制作過程である。近代作家が一点の絵画を制作するばあい、その発想、主題の選択、構成、下絵から彩色の仕上げまで、すべて作者一人による創作活動であり、そこへ他人の意志や手の加わることは作者の個性が強く拒否するところである。正倉院にある『麻布菩薩図』や『麻布山水図』などの墨書絵画は、当時としても一人の画工の手になるものだが、これはむしろ例外というべきだろう。しかも、それでさえ、画工が思いつくままに書きたいものを書いたわけではない。思いつくままに描いたとすれば、法隆寺金堂の天井裏や唐招提寺の仏像の足の下に隠れる台座上に残された落書の他はない。制作の動機が作家の内発的なものにあるのではなく、用途を予定しての外部からの要求にある以上、主題はもとより、構成までも画工は与えられた指示によることになる。その上、下絵から仕上げまでの制作過程が、それぞれの段階で分業化された集団による制作が通常であった。

例を仏画にとろう。如来《にょらい》・菩薩《ぼさつ》・明王《みょうおう》・天部など、それぞれの仏の形状・持物は経典や修法《しゅほう》の細目を記した儀軌に規定してあり、造形化するときには当然それに準拠しなければならない。寺院には中国からもたらされた仏画や、このような経典・儀軌にもとづいて墨書で描いた後世に図像とよぶ原本があり、作画にあたっては画工が僧侶の指示によってこれらの先行する絵を手本としてまず下絵を作っている。その下絵は、ふつう描くべき絵と同じ大きさで紙に墨書きする。これは作画の基本となるものだけに、おそらく指導的な地位にある画工が制作したはずで、後代の下絵の例からみて、一部に紙を貼ったり胡粉《ごふん》を塗ったりして修正することもあったろう。紙や絹に描くばあいは下絵の上に貼って墨ですき写しをするが、土壁や板などに描くばあいには、大きくいって二つの方法がある。一つは、下絵を上にあてがって釘で墨線のところどころに穴をあけたり、ヘラで強くおしつけて線をたどり、下絵をはずしてからその圧痕でできた点線をたどって下書の輪郭線を作るのである。もう一つは、描くべき素地の上に消炭の粉を練ったものを紙に塗ったいわばカーボン・ペーパーをのせ、その上に下絵を置いてへらで墨線をなぞることで輪郭を写しとる。

建築物の装飾文様のように同形の図をたくさんくりかえすときには、輪郭線を切り抜いた型紙を用いたこともあるようである。

つぎに彩色であるが、土壁や木部に描くときはふつう下書に先立って白土で地塗りをする。これは素地の面を平滑にするためと、発色を鮮明にするためである。骨描《こつびょう》とよぶ下書の墨線の完了したところで本格的な彩色にうつり、淡色から重ね塗りをして濃い色に及び、最後に墨もしくは濃い色で仕上げの輪郭線を入れる。この地塗り・骨描・仕上げ、そして彩色もばあいによってはその過程や部分ごとにちがった画工が分担をするのが常である。後世には長上画師を墨書《すみがき》とよび、下絵はもとより、骨描と最後のかきおこしの墨線が主任となる画工の仕事であり、彩色はしばしば下級の画工があたっているが、八世紀にはまだこういう地位による作業分担はなかったようである。とにかく長上となる画工を中心にした集団による制作であり、長上の画工は下絵を手がけた他に適宜な部分の制作に参加したのだろう。もちろん、長上の画工は制作の進行全体に責任を持ち、作業過程のそれぞれに指示を与えたのにちがいないが、さらにその上に注文主の意図が大きく働いていることは見落とせない。仏画のばあいはことさらだが、描かれるべき画像は初めから、寺院・僧侶にせよ、政府・貴族であるにせよ、注文したがわの脳裏にあり、制作者がそれを実現することが強く要求される。もしその意図をみたさなければ、制作の途中でも変更・修正を求められることすらある。したがって、この集団による制作というのは、画工集団というのにとどまらず、大きくいえば、究極的には受け手である注文者と制作者とによる制作という意味でもある。

創造のふしぎさ

このような制作過程は、絵画だけとは限らない。彫塑のばあいなど、もっと複雑であったとさえいえる。材木や針金で組んだ芯の上に塑土をもりあげて作る塑像は、ほとんどが仏工集団の手になるところで、仕上げの彩色が画工にゆだねられるぐらいであるが、当時は夾紵《きょうちょ》とよばれた脱乾漆《だつかんしつ》あるいは脱活乾漆《だつかつ》のばあいは、その工程がこみいっているだけに、いくつかの工人集団の共同作業が要求されたはずである。この工法は、心木に粘土を塗ってあらましの原型を作り、その上に何枚もの麻布を漆で貼り固めながらしだいに整形していく。下地に貼った布があるていど乾燥したところでさらに布を塗り重ねる工程は、手間も日数もかかるもので、当然これには漆工の参加が考えられる。表面の細部は、木屎漆《こくそうるし》とよばれる漆に抹香《まっこう》（香木の粉）をまぜて練ったものをもりあげて仕上げ、彩色や漆箔（漆地に金箔を置く）をほどこす。具体的な記録がないので詳細は明らかにできないが、この仕上げには仏工・漆工・画工の共同作業が想像され、ことに金銀箔の装飾を置くばあいなど、さらにその専門工が加えられたのだろう。また、鋳銅像のばあい、原型は仏工の手に成るとしても、鋳造は鋳物工が担当したことはいうまでもない。こうして見てくると、仏工が終始制作の中心になっていたには相違ないが、まさに各種の工人群による集団制作である。

いま東大寺法華堂《ほっけ》、通称三月堂の中央にそびえ立つ本尊不空羂索観音《ふくうけんざくかんのん》を見るがいい。像高三・六メートルの脱乾漆像で、三目八臂《び》という異形であるが、きわめて均斉のとれた姿態は不自然さを感じさせず、相貌は森厳というべきでありながら、肉身・衣文の線は流麗であり、しかも内からあふれる力にみなぎっている。この像は、大仏鋳造の頭領となった国中連公麻呂《くになかのむらじきみまろ》の作るところと伝えられている。あるいはたしかに公麻呂が不空羂索観音の制作の責任者であったのかも知れない。しかし、さきにもいうとおり、仏の形そのものはおそらく唐に先例があり、それにしたがった図像に定められていて、自由に変更することは許されなかったろうし、制作にあたっては多くの工人が参加しているのだから、公麻呂個人の作というわけにはいかない。それなのに、この像にみなぎる美しさと迫力とは、どこからくるのだろう。

近代美術ならば作品は作者個人の活動の成果であり、その芸術性は作家の個性と技能とを直接に反映しているのだから、鑑賞者は作品を通して作者と対話することができる。ところが、法華堂の不空羂索観音のばあい、造像の発願者（たち）は一つの信仰にもとづいて、定められた経義・図像によりつつも、より美しく、よりいかめしい仏の姿を期待したにちがいないが、その実現は工人たちの手による他はない。このような制作の意図の貫徹は、はたして工人たちの熟練だけで可能だったのだろうか。いわば頭脳と手との分離した

図 7　不空羂索観音（東大寺法華堂蔵）

情況のなかで、あの充実した内容をみごとに表現し、唐の先例にもおとらないほど観るものに迫ってくる力を創出しえたことは、ふしぎといわねばならない。考えてみても、発願者が複数であればなおさらのこと、かれらの信仰や美意識と、制作の責任者であった公麻呂のそれとが一致するとは限らないし、ましてそれが末端の工人たちにまで浸透して実現するというのは容易なことではない。しかし、われわれの目の前にあれほどすばらしい不空羂索観音像が存在することは動かしがたい事実である。したがって、いかにふしぎではあっても、そのふしぎさをありのままに受け取らなくてはなるまい。古代の工房における芸術創造はおおむねこのようにして行なわれたのであり、絵画のばあいも、彫塑の例ほど多種の工人は参加しなかったとしても、注文による工房の集団制作という点では同じであり、やはりそのなかですぐれた作品を生み出しているのである。

法隆寺金堂壁画

焼失した宝物

太平洋戦争後、ようやく文化事業にも手がそめられ、まず世界最古の木造建築として誇る法隆寺西院の大修理が着工された。その中心となる金堂の解体を前にして、有名な内壁の壁画を取りはずすことに不安があったので、正確な原寸模写を行なうことになった。ところが、昭和二十四年(一九四九)一月、戦後の物資の不足ということもあって堂内に置かれた急造の暖房器具から出火し、金堂内部はほぼ全焼した。模写半ばの壁画も火炎を受けてほとんどが剝落・変色し、なかでもそれまでもっともよく残存していた西面大壁の『阿弥陀浄土変』は、放水のために外からうがった穴が中尊如来の顔を貫いて大破してしまった。不幸中の幸いには、釈迦三尊をはじめとする堂内の仏像が工事中ということで移座してあってぶじだったことと、壁画についても模写の参考のために詳細な調査が行なわれ、原寸大の写真も撮影ずみであったことであり、強いて言えば、火を吹きかけられて東北隅の壁の下方を蔽っていたカビが落ち、それに隠されていた描線が見えたことであろうか。そのおかげで模写の仕事は継続することができ、いまは再建の成った金堂内壁を飾っている。原画としては取りはずしてあった欄間小壁の

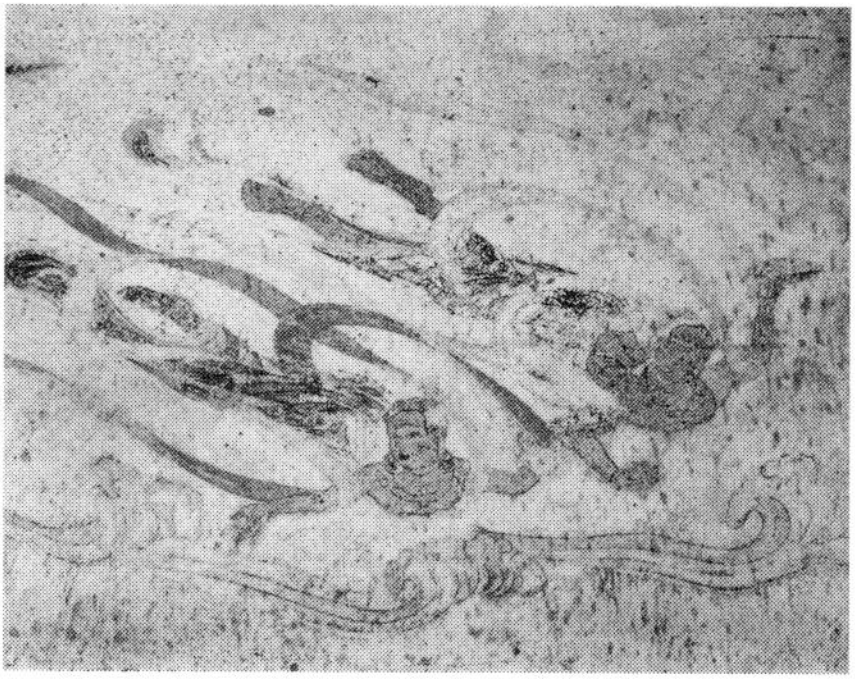

図8　金堂飛天図(法隆寺蔵)

『飛天図』しか残らなかったわけだが、この模写・写真と調査資料によって焼失した貴重な遺品の全貌がうかがうことができるのは喜ばしい。

聖徳太子ゆかりの法隆寺は、なぞの多い寺院である。創建時の堂塔はいったん焼失し、現存する最古の金堂・五重塔をめぐるいわゆる西院の主要部分は、その後の再建と考えられているが、その被災や再建の年代については諸説があり、本尊の釈迦三尊や薬師如来の造像も定説はない。とにかく和銅四年（七一一）には完成していたようで、金堂の成立がもっとも早いのだから、壁画についていえばその創作は七世紀末に近いものになろう。金堂母屋の南面の柱間三間と北面中央の一間、東西の北より一間が扉となっているので、北面の二間と東西それぞれ一間の大壁に四仏の浄土が描かれ、四面とも両側にあたる小壁計八面には菩薩像が描かれている。大壁の浄土変の四仏が何かということも、西面大壁の『阿弥陀浄土変』以外は説が分かれていたが、いまではふつう東面大壁が釈迦如来、北面東よりが薬師如来、西よりが弥勒菩薩《みろくぼさつ》のそれぞれの浄土変相図とされている。四図とも多少の差異があり、ことに『阿弥陀浄土変』はかなりの特色があるが、それぞれ宝座上の本尊を囲んで、脇侍をはじめとする諸菩薩・比丘《びく》（僧形男子）・神将形天部などが描かれ、頭上には飛天を両側に配した天蓋がかかっている。小壁の菩薩は、四面が十一面観音などの立像、北面の両側には宣字《せんじ》座上の文殊《もんじゅ》と象の背に左足をふみさげて乗った普賢《ふげん》、他の二面は尊名不詳の半跏《はんか》(片足をふみさげた座像)思惟《しい》像である。また、長押《なげし》の上の小壁には山中羅漢《らかん》像が描かれていたが、後世の補修で塗りつぶされ、わずかに残っていたものも焼失してしまった。なお、前にあげた『飛天図』は、仏像を安置した須弥壇《しゅみだん》を囲む内陣の柱の上方の欄間にあたる。

壁画の制作

さきにもいうとおり、この壁画の成立年代は明らかとはいえない。聖徳太子の創建とされる法隆寺の最初の堂塔は、『日本書紀』によれば天智九年(六七〇)に全焼して(これにも異説はあるが)、焼土・礎石によって四天王寺式の堂塔の配置をうかがわせる若草伽藍址とよぶ遺蹟を残し、その北西に隣接する地域に再建されたのが現在の西院だということはほぼ確かであるが、八世紀に記された『法隆寺伽藍縁起幷流記資財帳《がらんえんぎならびにるきしざいちょう》』によって、和銅四年(七一一)には完成していたことが推測されるのみで、その経過を明らかにする文献記録は何もない。いまはっきりとは見えないが、五重塔初層内壁の八面に菩薩像が描かれており、これが金堂小壁の菩薩に配置・構図ともにならいながら、技法としてはおとっているところからみて、金堂壁画からはやや遅れて成立したのだろう。そこで、五重塔の壁画を八世紀も初めごろの制作とすれば、金堂壁画はそれより先行して七世紀の末近くということになろうか。

じつはこの成立年代は、かなり微妙な問題を提起する。というのは、『大宝令』の制定は、いうまでもなく、大宝一年（七〇二）のことで、さきに述べた画工司の制度が確立したのはまさに八世紀初頭であるので、もしこの金堂壁画の制作が七世紀末とすれば、それ以前ということになり、制作にあたった画工の組織がどのようなものだったかを考えてみなければならなくなるからである。天武二年（六七四）、後に大安寺とよばれる高市《たけち》大寺の造営のために造高市大寺司を置き、大宝一年（七〇一）には造薬師寺司を任じており、官大寺の造営にあたって臨時に担当官司が設置され、令制の寮に準じてあつかわれたことが『続日本紀』に見えている。ところが、法隆寺の再建に関しては経営の主体がどこにあったのかは諸説があるし、さきの造寺司を寮に準ずるという大宝の太政官の決定でも、ちょうど再建の継続している期間だと考えられるのに、大安・薬師の二寺のみをあげて、法隆寺の名は見えない。したがって、造法隆寺司という官司が置かれていたとは明言できないが、聖徳太子にゆかりが深く、あれだけの規模を備えた寺院だから、政府がまったく関与しなかったとも考えにくい。ことに画工のようにまだ数が限られ、しかもこの壁画が示すような高度の技能に習熟した工人群を、どこからでも自由に集めえたわけではないから、政府の管掌していた工人が造寺のための組織の下に派遣され、制作に従事したとみるべきだろう。そうだとすると、いまではその内容を知ることのできない『飛鳥浄御原令《あすかきよみはらのりょう》』においても、画工司の前身となるべきものがすでにあったのかも知れない。前述のように「画師」の身分が流動している時期にあたり、なんにしても資料がとぼしいので、その組織の実体や法隆寺で働いた人員の編成は知る由もないが、四仏浄土図だけをとりあげてみてもかなりの大作であり、『釈迦浄土変』と『阿弥陀浄土変』との間に感じられる作風の差異から考えて、数群の画工の存在が推測されるから、相当の人数による制作だろう。

絵画制作の情況をみると、壁面に数ミリの白土を塗って、その上に描いている。彩色の剥落した部分にも下書の粗い筆あとが見えず、描線のところがくぼんでいるので、原寸大の紙に描いた下絵を壁面に貼り、ヘラなどで強くなぞって構図を定めたと考えられる。ついで下絵の紙を除去した後、くぼみにそって淡墨もしくは淡赤色の細い描線をほどこし、各部に顔料によるていねいな彩色をした上で、肉身の輪郭や衣文のひだにはやや濃色でくまどりをつけたり、半透明の黄色を呈する密陀僧《みつだそう》(酸化鉛の顔料)で明度を高めたりして立体感を表現するくふうを加え、最後に墨・朱(硫化水銀)などで輪郭線を描きおこしている。顔料としては、白は白土(珪酸礬土)、赤色系は朱の他に丹《たん》(酸化鉛)・ベンガラ(赤鉄鉱)、黄色は黄土(褐鉄鉱)と前掲の密陀僧、緑は濃淡二種の岩緑青《ろくしょう》(孔雀石)、青は大部分が輸入で高価なため量は少ないが岩群青《ぐんじょう》(藍銅鉱)が用いられている。使用されている色の数はあまり多くないわけだが、かなり効果的に用いられているので、平板単純という感覚はない。

　前章で述べたとおり、当時の制作は複数の工人の共同作業で成り立っている。この壁画のばあいも、あれほどの構成力をもった絵画の下絵は主任画工の手になるのだろうが、下絵どり、骨描、彩色、くまどりなど、手分けして行なわれたのだろうし、仕上げや全体の進行は当然また主任画工の指示によったのだろう。しかも、さきにあげた壁面による作風の差異からみて、ここでいう主任画工も一人ではなかったようだから、何人かの主だった画工を軸とするチームが、いくつかずつの壁面を分担したと考えられる。

唐文化の吸収

ところで、驚くべきことはこの壁画のできばえである。よく図版に出てくる西面の『阿弥陀浄土変』を例にしよう。他の浄土変が、宣字座（釈迦・薬師）もしくは六角台座（弥勒）上にある本尊の両側に、脇侍菩薩をふくめて六体ずつの菩薩・比丘・天部等をほぼ同じ大きさに描いているのに対し、この本尊阿弥陀如来は、下方の池中から伸びた複雑な花葉に支えられ、華麗な飾りの後屏をそなえた蓮花座上に結跏趺坐《けっかふざ》（足を組んで坐る）し、その左右に立つ観音・勢至《せいし》の両脇侍を大きく描き、上下に多数の小さな化生《けしょう》菩薩や供養聖《くようしょう》

図9　法隆寺金堂阿弥陀浄土図（焼損前）

衆《じゅ》を配している。これに類する阿弥陀浄土の図様は敦煌《とんこう》石窟の壁画にも見え、南北朝の末期から初唐にかけての中国に先行例があったにはちがいないが、多くの小仏を配して大きな三尊に集中していくこの構成は複雑で変化に富み、しかもきわめて均斉がとれているので、他の浄土図にもまして成功しているといえる。剝落のためによく見えない部分もあるが、天蓋に加えて双樹・連山・懸崖・宝池と他の浄土図にはない背景が描きこまれ、その構成をいっそう変化あるものとしている。

描線は流麗であるが、たしかで張りがあり、仏菩薩のおだやかで荘厳な相好《そうごう》をよく表現している。本尊の両耳が真横に張っていることや、脇侍菩薩の顔がやや斜め前を向いているのに、宝冠のみが顔の正中線をそれて真正面向きに描かれていること（これは他の図でも同様）は、近代人の眼から見ると不自然だが、本尊のゆったりと足を組んだ膝前の奥行、脇侍のかかげた腕や胴から腰にかけてのひねりには、ゆたかな立体感と自然な動きまでが見てとれる。色彩は前述のとおりかなり単純な色の組み合わせといえるが、濃淡をうまく配して明暗をたくみにとらえ、内容に深みを与えることに成功している。こうしてどの部分をとってみても、この『阿弥陀浄土変』を描いた画工群の技術はきわめて高いといわなければならない。他の図はそれよりはやや劣るとはいうものの、やはりそれぞれに特色を示しており、この時期にこれほどすぐれた画工が数多く活動していたことには驚かされる。

しかも注目すべきことは、この壁画が、仏教図像の面でも、絵画様式の面でも、初唐のそれをよく学びとっていることである。中国では首都長安を中心とする地域の唐の仏画の遺例が少なく、西辺の敦煌石窟の仏画か、中央では人物風俗を描いた墓室壁画を参考にするより他はないので、その手本としたところを、いったん唐の王室に代わって国号を周と改め、仏教文化を興隆させた則天武后（六八五―七〇五）の時期までさげうるかということなど、学界にも論議はあるが、武后の夫であった高宗のころにあたる七世紀も第三四半期をいちおうの目安とすることはできよう。菩薩像の裳裙にみえる文様も、そのころから則天武后のころにかけて成立し流行したものだというから、細部にわたってまで唐も七世紀後半の作品に学んでいるわけである。法隆寺金堂の壁画の制作を七世紀末におけば、これはなんのふしぎもないようだが、古代における日唐交流の実情や、作画技術の伝習の困難さを考えてみると、その吸収に要した時間は意外なほど短かったといわなければならない。

七世紀半ばの新羅の半島統一と唐の侵攻による戦乱から大群の移住者が渡来しているので、そのなかに初唐の画技を伝習していたものがいたことは考えられ、また、日本が半島への干渉戦争に敗れて以後まもなく新羅との国交が復活して、しばしば使者が来往していることから、間接的に唐の絵画や画技がもたらされたこともありうるだろう。ところが、この前後での遣唐使はかならずしも多くはない。四船で発遣されるのが常であった遣唐使の一行がどのような編成であったかは明らかでないが、留学生・留学僧とともに技能習得のために工人が加えられていたことは推測に難くない。ずっと後代の例だが、承和三年（八三六）に「遣唐画師」という称がみえる。かれらは留学生などと同様、随行した遣使が回国した後も在唐して学習し、次の使人の来航を待って帰るのがふつうだったろう。だとすると、初唐の技法を学びえた画工の渡唐は、斉明五年（六五九）、天智四年（六六五）、同八年（六六九）のいずれかということになろうか。なかでも最初のものは、翌年唐・新羅の連合軍との戦端が開かれたために留学生らは長安に抑留され、天智四年の国交再開を求める唐使の来航とともに送還されたらしく、在唐が五年余に及んでいることは注目される。ついで天武・持統両朝にわたる三〇年ほどは遣使がないので、もし一説のごとく則天武后の時期を考えれば、大宝二年（七〇二）に出発し、大使が慶雲一年（七〇四）、副使が同四年（七〇七）に帰還した一行に属したことになるが、そのばあい、壁画の作期はさきの推測よりはさがって全体の完成した和銅四年（七一一）の少し前とみなければならなくなる。最後の遣使ならばともかく、それ以前だとすれば、まさに最新の様式・技法をじつによく吸収したといわねばならず、それを可能にした画工の手腕は驚くよりほかはない。また最後の遣使とすれば、きわめて短期の在留期間中にここまで伝習しえたことを賞めなければならない。

それればかりでなく、この画面を見ていると、たんに唐の絵画の模倣とだけはいえないもののあることに注目される。敦煌莫高窟の初唐・盛唐の浄土変相図は、考えてみれば西方辺境の地で、長安などの中央から比べればややおとるのかも知れないが、その線のきびしさ、その色彩の豊麗さは前後に類を絶するものがある。それに比すれば法隆寺の金堂壁画は、そこまでのきびしさや、目をうばうほどの華麗さはない。けれども、それは弱くなったとか、甘くなったというのではなく、おだやかな別種の美しさを創り出しているのであり、そこに日本人の求めた温和な仏の世界が表現されているといえる。唐のあのすぐれた作画技法をよく吸収したばかりではなく、それを日本人の好みに合わせたものに造り変えることのできた手腕を育てていたことは、この吸収の期間の年数を考えると長足の進歩というより他はなく、やがてこの延長線上の倭絵を生み出す萌芽をさえ見てとることができるのは興味深いことである。

5　造東大寺司の画工

東大寺の造営

東大寺の大仏

天平十五年（七四三）、聖武天皇は近江紫香楽（信楽）の地に大仏造立を決意し、次の詔を発した。

「ここに天平十五年歳《ほし》癸《みずのと》未《ひつじ》に次《やど》る十月十五日を以て、菩薩の大願を発して盧《る》舎那《しゃな》仏の金銅像一軀を造り奉る。国銅を尽して象を鎔《とか》し、大山を削って堂を構へ、広く法界に及ぼして朕《ちん》が知識と為す。遂《つい》に同じく利益を蒙らしめ、共に菩提《ぼだい》を致さしめん。それ天下の富を有《たも》つ者は朕なり、天下の勢を有つ者も朕なり。この富勢を以てこの尊像を造る、事や成り易《やす》く、心や至り難し。（中略）もしさらに人の情《こころ》に一枝の草、一把の土を持ちて像を助け造らんと願ふ者あらば、恣《ほしいまま》にこれを聴《ゆる》せ。（下略）」

八世紀も半ば、律令体制の整備の上で国家権力はほぼ全国に貫徹し、唐文化を吸収した文物は平城京を頂点として花咲いている。しかし、その時すでに政界に不安の影がさし始めていることは見のがせない。この一見花やかな時代を象徴する天平と年号を改めた神亀六年（七二九）、天武天皇の皇子高市《たけち》親王の子で左大臣であった長屋王が謀反《むほん》の訴えによって自殺させられたのが、その最初である。そしてこの年の六月、左京大夫《だいぶ》藤原麻呂らが「天王貴平知百年」の文字が甲にみえる亀を献じたことから、八月にいたって天平と改元し、さらに藤原不比等《ふひと》の娘を皇后としている。これが有名な光明皇后で、藤原一族の政権掌握の足場を築いた事件といえるが、立后の宣命《せんみょう》のなかで皇族以外で皇后となるのが異例でないことを強調しているのをみても、貴族のなかに強い抵抗があったことがうかがえる。やがて天平九年（七三七）、遣新羅使が持ち帰ったらしい疫病で高位を占めていた不比等の四子があいついで没すると、反対勢力は翌年右大臣となった皇族出身の橘諸兄《たちばなのもろえ》を中心に結集し、その抗争は底流としてしだいに激しさを加えたようである。

天平十二年（七四〇）、大宰少弐《だざいのしょうに》として九州にあった藤原宇合《うまかい》の長子広嗣《ひろつぐ》が、唐での留学から帰って諸兄の政策を助けていた僧正玄昉《げんぼう》と吉備真備《きびのまきび》とを追放することを求めて挙兵するという事件が起こる。この反乱は派遣された追討軍によってまもなく鎮定されたものの、政局の動揺は蔽うべくもない。この乱の報のあった時には難波京にあった天皇は、そのまま伊勢・近江と巡幸して、いったん都を山城南端の恭仁京（現在の加茂町・木津町）に遷《うつ》すことを決したが、同十四年（七四二）ごろからしばしば甲賀山中の紫香楽宮に行幸してその造作のために恭仁京の造営を止め、同十六年（七四四）に今度は難波京を皇都とすることを発令しながら、翌年ふたたび平城京にもどるといったぐあいに落ち着かない。そのなかで仏教の興隆によって鎮護国家を計ろうとする政策に傾斜し、そこにまた政治的抗争がからんでいく。

諸国に命じた主要な造寺・造仏・写経の例をあげれば、天平九年（七三七）に繡仏か仏画の丈六釈迦三尊像一鋪と大般若経一部を安置させ、同十二年（七四〇）には七重塔の建立と法華経の書写を、さらに広嗣の乱が起こると、その平定のために七尺の観音菩薩像の造立と観世音経一〇巻の書写とを令している。また、翌年には藤原不比等の遺族から返納された封戸《ふこ》のうち三〇〇〇戸を諸国の丈六仏像の造像料にあてさせ、ついで国分寺・国分尼寺の設置に及んでいる。そのあげくが、前掲の同十五年（七四三）の大仏発願《ほつがん》の詔である。信楽はもともと諸兄の山荘の地であり、この事業の最初の推進者が橘諸兄であったことが推測される。おそらく唐にあって則天武后の建立した白馬寺の大仏などを見てきた玄昉が、その背後にあったのだろう。翌年十一月には原型の心柱が立てられ、天皇みずからがその縄を引いたという。しかし、信楽が物資の運搬に不便な山間であり、都が平城京にもどされたということもあって、同十七年（七四五）八月、奈良の東山にこの事業を移し、天皇をはじめ文武百官や宮廷の女性までが大仏の台座を築くための土を運んでいる。これがいまの東大寺の大仏の草創である。

大仏と大仏殿

『華厳経』にいう蓮花蔵世界の教主としてのこの毘盧舎那《びるしやな》仏は、蓮花座上に結跏趺坐《けつかふざ》する如来形像で、像高一六メートルにも及ぶ巨大な鋳銅像である。造像の手順は、まず大きな心柱を立て、それを軸に原型内部を支える架構を材木で組み、その周囲に細い木や竹を結びつけて仏体のおおよそを籠状に編みあげ、壁を塗るようにして粘土をもりあげて原型を造る。粘土にはひび割れを防ぐためにわらや布切れなどをまぜ、表層部には熱にたえるように鋳物砂を入れて強化するとともに、白土や雲母粉を塗って表面を平滑にする。これが乾いたところで、首から下、蓮花座までを八段にわけて外型を造ったのだが、外型は植物のつるなどを芯に入れて粘土砂を四〜五〇センチの厚さに塗りつけ、取りはずしのために畳二枚分ずつぐらいに分割できるようになっている。外型は乾燥してから取りはずして焼きを入れ、原型のほうを二センチ弱削りとり、その部分のところどころに型持とよぶ支え金をあてがって外型を元通りにはめこんで固定する。そこへ銅を流しこむわけだが、こ

図10　『信貴山縁起絵巻』にみえる大仏（朝護孫子寺蔵）

れだけの巨像なので周囲に径九〇メートルに及ぶ環状の土手を築き、その上におそらく二〇〇基ぐらいの炉を設けて、銅に少量の錫・鉛・雄黄（硫化砒素）を混じて熔融し、鋳物砂を用いて造った樋を通して内外の鋳型のすきまに流し入れたのである。第一段の蓮花座だけで、使用した銅の推定量は約一三〇トン。この工程を順次に下からくり返し、頭部と両腕は別に造って鋳継いだのであろう。上部になるほど炉の位置を高くしなければならぬので、土手をしだいに積み上げ、仏体が隠れるほどになったのを鋳造後取り除いたのである。

『続日本紀』の天平十八年（七四六）

十月に天皇・皇后以下が盧舎那仏に燃燈供養したというのは、おそらく原型の完成時だろう。ついで、『大仏殿碑文』によれば、同十九年（七四七）九月に鋳造を始め、満二年余かけて天平勝宝一年（七四九）十月に鋳終わったという。だが、それは本体だけのことで、その十二月から同三年（七五一）六月にかけて螺髪《らほつ》九六六個を別鋳してとりつけ、鋳継ぎの部分や鋳造のムラを補修するのに一六トンもの銅を用い、同二年（七五〇）から同七年（七五五）までかかっている。そして、その仕上げの終わった部分からとりかかったのだろうが、同四年（七五二）三月から天平宝字一年（七五七）四月までの五年をかけて、蓮花座に仏国土図の線刻をほどこし、全体に金メッキをかけている。メッキは水銀に金粉を混じて表面に塗りつけ、熱を加えた後に磨きあげるのだが、仏体だけで六〇キログラム近くの金を要している。今日でも蓮花座には線刻仏画が残り、背面の一部には、わずかながら金が光っていて、往時のきらびやかさをしのばせる。

ここでしのばせるといったのは、現存像はかなりの改変を経ているからである。まず治承四年（一一八〇）、平清盛の命令で南都の焼討ちが行なわれ、大仏殿は炎上して、大仏も腹部から上は焼け損じた。この時はすぐさま再建にとりかかり、寿永三年（一一八四）大仏の修理ができ、建久六年（一一九五）には鎌倉から源頼朝も参列して落成供養が行なわれている。ついで永禄十年（一五六七）戦国争乱のなかでふたたび大仏殿が兵火に焼け、大仏の頭や右腕が焼け落ちた。ところが、この時には木彫の頭首に銅板を貼ったものを取りつけ、大仏殿も仮屋を建てるといった程度しかできず、しかも慶長十五年（一六一〇）の大風でその仮屋も倒壊し、大仏も取りつけた首がかしいだままで露仏になってしまった。そこで、徳川幕府の権力が確立すると、東大寺の公慶《こうけい》が幕府の援助を得て再興に努力し、貞享三年（一六八六）鋳造に着手した大仏は元禄五年（一六九二）に開眼供養《かいげんくよう》を行ない、宝永六年（一七〇九）に至って現在の大仏殿が完成した。したがって、いま見る大仏の頭首は一七世紀末、胴体は一二世紀末の後補であり、大仏殿はまったくの近世の新造である。

ことに大仏殿は、当初の規模とはかなりちがっている。現在でも木造建築としては最大を誇るものだが、創建当初はもっと壮大であった。約五〇メートルある高さや奥行は変わらないが、いまの五七メートルほどの間口は旧時の三分の二であり、軒も低く、広がりも狭い。なかでも棟木《むなぎ》は二二〇尺（約四〇メートル）の一木であったが、元禄の再建時にはそのような巨木を探すことができず、ようやく日向の山中で得た松の大木を用いたが、旧時の半分ほどしかない。柱もいまはいくつかの材を合わせて鉄輪でしめてあるが、もとは八四本の柱がすべて径三尺五寸（一メートル強）・長さ七〇尺（二〇メートル強）前後であったという。大仏殿の創建は、大仏の鋳造を始めた天平十九年（七四七）に着工し、仏体の仕上げにかかわっていた天平勝宝三年（七五一）に完成しているから、造像と並行して工事が進められたわけである。滑車・ロクロぐらいしか道具のなかった当時において、あの巨像を造りつつ、どのようにしてその周囲に柱として巨材を立て、現在の棟木でさえ約二二トンというのに、その倍の長さのあった梁を、四五メートルもの高さまで引き上げることができたのかはなぞといっていい。

天平文化の精華

現存する大仏と大仏殿の巨大さだけでも驚嘆すべきものではあるが、当初のそれは想像を絶するほどの美しさを加えた、まさに壮麗としかいいようのないものであったはずである。蓮弁に残る線刻の仏菩薩図からみても、『信貴山縁起絵巻《しぎさんえんぎえまき》』に描かれた焼失前の大仏の尊容からみても、想像される最初の大仏は、おだやかな相貌のうちにおごそかな気品のあふれたものだったと考えられる。それが皆金色《かいこんじき》に燦然《さんぜん》と輝いていた時の姿は、さぞかしすばらしかったろう。大仏殿にしても、現在の建築は、高さはもとのままで間口がちぢめられ、木組がこまかくなって軒の出はやや浅くなっているため、屋根の傾斜が急になってせせこましく、しかも正面中央の初層の屋根を切って不釣合な唐破風《からはふ》をのせているので、いっそう不安定の感を与えている。しかし、原形は棟が倍近い長さで、軒端ももっと深く、反りもやや大きかったので、屋根の広がりも勾配《こうばい》もゆったりとしていたはずだから、いかにも堂々とした大伽藍であったろう。ふりかえってみれば、八世紀の地方の庶民の住居は、原始社会と大差のない竪穴式がふつうである。中国風の瓦ぶきの建築といえば、国府の庁舎か、そのころ着工された国分寺などの寺院だけである。そういう世界から都にかり出されて来た役民たちは、どんな思いで大仏殿をふり仰いだことだろうか。おそらく半ば畏怖の念の入りまじった驚嘆の眼で、この大きな仏の威力とそれを造らしめた国家の権力とを、ともに見てとったにちがいない。

もとより唐にはこれに比すべき、というよりこれにまさる大寺・巨像があったのだが、当時の日本と唐とでは比較をするだけおかしいほどの国力の差がある。材木運搬の役夫が「二百六十六万五千七十一人」と伝え、大仏鋳造に要した銅が三〇〇トン近いということが、八世紀の日本においてどんなにたいへんなものであったかは、最近傷んだ瓦の一部をふきかえるために組んだ足場だけで二億円かかったことを考えれば、容易に推察できるだろう。発願の詔に「国銅を尽して」といい、天皇一身に集中した「天下の富」と「天下の勢」をもってこの尊像を造るといっているとおり、まさに国家の総力をあげての大事業だったのである。一〇世紀初めになって、三善清行《みよしのきよゆき》がこの造寺・造仏によって「天下の費十分の五」に減じたと非難していることも、あながち誇張とはいえない。

それだけに、この大事業の完成がこれに参与した人々の大きな歓喜のうちに迎えられたのは当然である。大仏殿の落成した翌年天平勝宝四年（七五二）四月九日、まだ仏体の仕上げと金メッキの作業中ではあったが、「仏法東帰より、斎会《さいえ》の儀、いまだかつてかくのごとく盛りなるはあらず」といわれた開眼供養の盛儀が行なわれた。孝謙《こうけん》女帝・聖武太上天皇・光明皇太后以下、礼装の文武百官がつらなり、僧一万を請《しょう》じて、唐を経て渡来したという天竺《てんじく》（インド）の波羅門《ばらもん》菩提僊那《ぼだいせんな》を開眼の導師とし、唐僧道叡《どうえい》を呪願《じゅがん》としたというから、それまでにない異国風で華麗な法会《ほうえ》が実現したのだろう。そして、同じく唐から渡来した林邑《りんゆう》（インドシナ？）の仏哲《ぶってつ》が指揮して種々の伎楽《ぎがく》（仮面の舞踊劇）が演ぜられた他、五節《ごせち》・久米舞《くめまい》など日本古来の舞曲も大仏殿前で奏せられている。八世紀の時点で考えれば、それはまさに文化の〝世界的〟交流の成果を象徴するできごとであり、いま正倉院に残る伎楽面や幕・幡などの法会に用いた品々を見ても、その花やかさはうかがえる。

なぞの事件

またそれだけに、誰がこの大事業を推進しえたのかは、権力の掌握にかかわる問題として重要な意味をもってくる。前に記したとおり、造立の発願の初めにその主唱者となったのは橘諸兄だったが、事業が奈良で本格化したころから、当時は皇太子であった孝謙女帝（阿倍内親王）の寵を受けていた藤原仲麻呂がこれにわりこんでいったようである。そこで両派の抗争は激烈なものとなり、今からみればなんともふしぎな事件が大仏をめぐって続発する。

まず天平二十一年（七四九）二月、陸奥《むつ》国から大量の金が貢納されたのがその第一である。陸奥の産金は以前から知られていたことではあるが、大仏のメッキに使用する金の不足をうれえていた時だけに、一挙に多くの金がもたらされたことは、神仏の加護として歓迎され、聖武天皇は四月に大仏に行幸してこのことを奉告するとともに、関係者一同に位階を授け、つづいて年号を天平感宝と改めている。後世まで陸奥は産金地として有名だから、この時の貢納は事実であろうが、陸奥守《むつのかみ》百済王《くだらのこにきし》敬福《きょうふく》の献じた黄金が九百両（約三三・五キログラム）に及ぶことからみても、あまりに量が多いし、あまりにもタイミングがよすぎる。その上、叙位に際してことさら橘氏の一族と大伴・佐伯の氏人の忠誠を賞め、貢金には直接関係のなかったはずの越中守大伴家持《やかもち》までがその栄にあずかり、感激して一篇の長歌を献じているのは、不自然といえば不自然である。これはやはり橘諸兄一派が陸奥守敬福をだきこんで、蓄積していた砂金を演出的効果のあがる時機を計って貢納したのだろう。

ついで、同年七月に皇太子阿倍《あべ》内親王《ないしんのう》が即位して天平勝宝と改元されたが、その十一月、九州宇佐の八幡《やわた》大神が大仏鋳造に協力するために都に向かうという託宣をくだしたのが、第二の事件である。国家をあげて仏教へ傾斜していくなかで、固有の神々信仰との調和は一つの課題であったから、神が大仏造営への協力を表明したということは、この事業に大きな支持を得たことになる。そこでただちに迎神使が任ぜられて十二月に神輿が入京し、二十七日には巫女の大神杜女《おおがのもりめ》が天皇と同じ紫色の輿に乗って大仏を拝している。いまも東大寺の鎮守として奉斎されている手向山八幡《たむけやまはちまん》がこれである。八幡神は、後には神功《じんぐう》皇后・応神天皇が祭神にあてられ、武士としての源氏の祖神としてあがめられるようになるが、本来は宇佐周辺の地方神であり、藤原広嗣の乱のころから都に知られていたとはいうものの、なぜこの時点で登場したのかは明らかでない。翌天平勝宝二年（七五〇）、同じ八幡神の託宣によって藤原仲麻呂の弟乙麻呂《おとまろ》が九州の総管である大宰帥《だざいのそつ》に任ぜられ、同六年（七五四）にいたって、杜女が薬師寺の僧行信らと橘諸兄を呪咀《じゅそ》したという罪で配流されていることから考えて、これは藤原仲麻呂らの画策によるものだろう。

第三の事件は、開眼供養のあった天平勝宝四年（七五二）の「新羅王子来貢」である。この年一月、しばらく途絶えていた新羅の「朝貢」をうながすために遣新羅使が任命されたが、その使人がまだ出発していない閏三月、新羅王子金泰廉が大使以下七百余人をひきいて九州に来着した。新羅の統一戦によって断絶した日本と新羅との外交関係はやがて回復し、天武天皇のころから神亀三年（七二六）までは両国の使者が来往して、宴席での詩文の交歓も行なわれている。ところが、それ以後、両国の国内情勢も作用したのだろうが、相互に警戒心が強まり、天平四年（七三二）には西海・山陰など四道に軍事防衛のための節度使が任命されている。これは同六年（七三四）に解除されているものの、その後の新羅からの使人は異例のことが多く、日本からの遣使も不調に終わっている。その時に、国王の代理としての王子がそれまでに見ない多くの使人をひきつれて朝貢の臣礼をとるというのだから、日本政府を驚喜せしめたといっていい。六月入京した一行は朝見して貢物を献じた後、手厚い賞詞とともに賜宴・賜物があって、開眼後まもない大仏にも礼拝し、七月に難波《なにわ》を離れている。

だが、『三国史記』のような朝鮮がわの記録にはこの遣使はもとより、王子泰廉の名は見えない。だいたい当時の新羅に、これほどまで日本に臣従の礼をとらねばならない理由は何もない。その上、翌年発遣された遣新羅使は、使命を果たさず追却されている。だとすると、この新羅王子の朝貢というのはきわめて疑わしい。しかし、王子と称する人物が多勢をひきつれてやって来たことは事実であり、それを機会に大量の唐物や新羅物が交易されたことは事実である。「正倉院文書」のなかに、この時に貴族たちが申請した交易品目の一部が見え、調度・装身具などの工芸品の他、香料・薬品・顔料・染料など多くの物資が取り引きされている。ちょっと想像が過ぎるかも知れないが、国交が不調のために交易の機会を奪われた商人が、あえて国使を詐称したのではあるまいか。国書を持参しなかったことを戒められているのも、その故であろう。それには、もちろん、日本の官吏のなかで気脈を通じるものがなくてはならない。東大寺の造営についても工芸品・顔料・染料の需要ははげしく、その輸入は望むところであり、交易の利もまた見逃がしえないものであったろう。前述のように当時の大宰帥が藤原乙麻呂であったことを考えると、ここにも仲麻呂一派の手が働いていたのではないかと疑われる。完成直後の大仏に礼拝させていることにも、何か作為が感じられる。こういう奇怪な事件がつぎつぎと起こったということは、それだけ大仏が当時の政治的にも文化的にも最大の眼目《がんもく》であったということである。

造東大寺司の成立

莫大な資材と人員

前節でも大仏の鋳造に要した銅や金の量、大仏殿建造に用いた巨材についてはふれておいたが、東大寺の造営のために使用した資材は、どこから、どうして集積しえたかと疑問になるほど莫大なものである。像高約一六メートルの大仏、高さ約五〇メートルの大仏殿はいうまでもない。大仏殿を中心に、南に中門を開いて回廊をめぐらし、背後には講堂・

僧房を配し、前方の南大門との中間の東西に回廊をそなえた七重塔がそびえている。いずれも大仏殿に相応して規模壮大を極め、層塔は塔身のみで高さ約七〇メートル、相輪《そうりん》をふくめれば九五メートルにも及ぶ。畿内の山間部にもまだ巨木が茂っていたというものの、これほど多くの大きな建築の用材を伐り出し、運搬し、加工し、組み立てたことのふしぎさは説明しきれない。

建築用材ばかりではない。釘・かすがい、飾り金具、壁土、塗料、何をとってみても想像を絶するほどの量であり、その調達にはたいへんな労苦があったはずである。たとえば大仏殿の回廊についての一資料をあげよう。『続日本紀』天平勝宝八年（七五六）六月二十二日の条に、

「勅すらく、明年国忌の御斎《みさい》はまさに東大寺に設くべし、其の大仏殿の歩廊は、宜《よろ》しく六道諸国をして営造せしむべく、必ず忌日に会せよ、怠緩すべからず」

とあって、翌年五月二日の聖武天皇の一周忌までに回廊を造ることを命じている。それに答えて翌年二月までには建築が完成し、彩色にかかったのだろう。天平勝宝九年（七五七）三月九日の日づけのあるそれに関する文書が残っている。

「造東（大）寺司

合定緑青壱仟壱伯玖拾捌《一千一百九十八》斤拾壱《十一》両
四百廿三斤九両司家
六百十六斤八両自巨万朝臣所来
一百五十八斤十両自大納言殿来
一千七百卌《四十》斤大仏殿院歩廊一百十六間〻別十五斤
見一千一百九十八斤十一両
欠五百卌一斤五両
膠六百十七斤八両
天平勝宝九歳三月九日」

いまでも奈良の古寺を見ればわかることだが、回廊の窓の連子《れんじ》（縦格子）は緑に塗ってある。この文書は大仏殿の回廊の連子に塗るための緑青《ろくしょう》と膠《にかわ》についての報告である。それによれば、回廊の柱間一一六間で、一間ごとに緑青が一五斤いる計算となり、全体で一七四〇斤、膠は六一七斤八両が必要となる。一七四〇斤というと一トン強、膠も約三七〇キログラムということになる。当時の緑青の価格は質によって高下があったようだが、建築に使うのだから安いほうの一斤四〇文としても、銅銭で約七〇貫（一貫は一〇〇〇文）、膠もこの量だと約四〇貫となる。現在の物価と比較するわけにはいかないので、当時の他の例をとれば、この少し前に東大寺が荘園として買い入れた伊賀国柘植郷《つげ》の墾田七町一反の代価をじつに七〇貫、前年に左京東市庄《とうし》一町の代価が六〇貫であるから、この緑青と膠だけでもどれだけたいへんなものだったかは理解できるだろう。

それだけに、この報告の時点で調達しえた緑青が必要量の約三分の二の一二〇〇斤足らずで、五四〇斤余の不足を告げている。しかも、調達した緑青も、後述するが東大寺造営のために置かれた造東大寺司自身が用意したのは、その四分の一の四二〇斤余にすぎず、他は六〇〇斤余を紫微少弼《しびしょうひつ》（皇太后宮職の三等官）巨万《こまの》（高麗）朝臣福信《あそんふくしん》から、一六〇斤ほどを大納言《だいなごん》藤原仲麻呂から寄進を受けている。さきの「新羅王子朝貢」事件の時にも見るごとく、交易の機会に官庁や貴族の一部が顔料などを財物として購入しており、それがこのような場合に活用されたのだろう。しかも、それが仲麻呂と政治的に近かった高麗福信と仲麻呂自身によって行なわれているのは、やはりこの一派の点数かせぎといってもいい。

それはともかく、この一例からみて、東大寺全体に要した資材の量とその調達の困難さは明瞭である。まして、その資材が多岐にわたることを考えれば、まさに天下の富を傾けた感がある。したがって、その資材を使用した工事に注ぎこまれた労働力は、どれだけの量だったのだろうか。明治の末から大正にかけての修理でさえ二四万六〇〇〇余人を要し、元禄の再建時の工人は五三万八〇〇〇人と伝える。八世紀のむかしに材木の運搬だけで一六六万五〇〇〇人というのは誇張ではあるまい。いかに徭役《ようえき》によって人民を駆使できたとはいえ、まだ日本の人口が六〜七〇〇万と推計されているなかで、これまた驚くべき数字である。造営事業に直接参加した工人のみならず、資材の調達・運搬に動員された人数までを考えれば、はるかに想像をこえるものだろう。

造東大寺司の設置

このころになるとやや矛盾が露呈しはじめたとはいうものの、築きあげてきた律令体制によって国家権力がすみずみまで貫徹するようになったことを前提として、はじめて東大寺造営という大事業が遂行できたにはちがいない。しかし、あれほど莫大な資材と人員とを集中的かつ効率的に動かすには、やはりその中核となる組織をもたなければならないのは当然である。そこに設置されたのが造東大寺司である。すでに最初の大寺であった法興寺や百済大寺（大官大寺）の場合にもそれぞれ寺司が置かれ、八世紀になっても造薬師寺司・造大安寺司・造弘福《ぐふく》寺司など、官大寺の造営にあたって造寺司を設けてはいるが、造東大寺司はいうまでもなくそれらの規模をはるかにこえるものとなった。ただ、この寺が紫香楽での大仏鋳造に始まり、平城京に還都してから東大寺として事業が拡大したので、造寺司の組織も漸次的に形成されたようである。

令制による官司のなかで、作画は画工司がその任としているが、造仏に従事する仏師の所属すべき部署は定められていない。寺院・僧侶を統轄するのは治部省《じぶ》の玄蕃寮《げんば》であり、宮廷の法会に用いる仏像を管理するのは中務省の図書寮であるが、造仏に関する業務は令の規定には見当らない。天平九年（七三七）八月に、

「正五位下巨勢朝臣奈氐麿《こせのあそんなてまろ》を造仏像司長官と為す」

という記事が『続日本紀』にあり、この時に令外の官制として造仏像司の設置されたことがわかる。長官が五位の官人であることからみて、造薬師寺司などと同程度の規模をもったのだろう。だが、この官司名はこれ以外には見えず、奈氐麿も翌年一月に民部卿《みんぶのきょう》に転じてその後任は記されていないので、実体はたしかめようがない。あるいは、この年三月、諸国に丈六の釈迦三尊像を造らしめたこととかかわるのかも知れないが、そうだとすると、この像は「一鋪《ぽ》」と記され、掛幅形式だったと考えられるから、絵仏か繡仏ということになり、彫塑を業とした仏師とは関係のないことになる。

しかし、法興寺の造営以来多くの造像が行なわれ、鞍作鳥《くらつくりのとり》や山口費《やまぐちのあたい》大口《おおくち》らの造仏を担当した人名が見えているから、造像に際してなんらかの組織ができたには相違ない。ただ、大彫塑の場合、鋳銅・塑・乾漆・木彫など技法が多岐にわたり、鋳工・漆工はもとより、大仏にみるように心木を組むための木工、土台を築くための石工・土工と、さまざまな工人

の共同作業が必要なので、材質によっては仏師と工人の組み合わせが違うだけに、固定的な組織をもちえなかったのかも知れない。おそらく、そのつど造寺司内に仏師を中心とする作業チームを編成したのだろう。大仏鋳造のような大事業を、紫香楽の山中で実現するためには、それまでにないような大編成の作業所を設けざるをえなかったはずである。紫香楽に大仏の骨柱を建てた次の年、天平十七年（七四五）四月、第三章の「なぞの画師倭」で引用したように、正六位上託陀真玉《たくだのまたま》以下数人が外従《げじゅ》五位下に叙せられており、これが最初の造営に関係した官人・工人ではないかと考えられる。なかでも、最後の正七位下から数階をこえて叙任された国君麻呂《くにのきみまろ》こそ、後に国中連公麻呂《くになかのむらじきみまろ》と氏姓を改め、大仏鋳造の主任仏師として名を残した人物である。

宝亀五年（七七四）十月三日、『続日本紀』は公麻呂の死を記して、次のようにその略伝を述べている。もとは百済の人で、祖父徳率《とくそつ》（百済の官位）国骨富《くにのこつふ》は天智二年（六六三）の本国の滅亡に際して帰化した。天平年中、聖武天皇が発願して長五丈の盧舎那《るしゃな》銅像を造らせたが、当時の鋳工であえて手を染める者がなかった時、公麻呂はすこぶる巧思があってその功を成し、労をもって従四位を授けられ、官は造東大寺次官兼但馬員外介《たじまのいんがいのすけ》にいたった。宝字二年（七五八）大和国葛下《かつげ》郡国中村に居住したので、その地名をとって氏としたという（ただし、この国中村がどこかは定説がない）。

いまでも奈良の年中行事として有名な二月堂のお水取りの時、東大寺に貢献した人々を供養する「過去帳読み上げ」が行なわれる。そのなかで、

「大仏師国公麿《ノキミマロ》、大鋳師真国《サネクニ》、高市《タケチ》ノ真《サネ》麿、鋳師柿ノ本ノ男《ヲ》玉《タマ》」（カナは過去帳のまま）

とあって、これが大仏鋳造の中心となった技能者と考えられる。このうち、真国は『七大寺日記』などでは高市真国とあるが、『続日本紀』の造東大寺にかかわる数次の叙位の記事からみると、高市大国《おおくに》というのが正しいようである。大国の叙位が真麻呂・男玉よりはつねに高いから、公麻呂の下で大国が大鋳師、真麻呂・男玉が鋳師という系統ができたのであろう。ただ、叙位の年月からみて、この作業チームが本格的に組まれたのは、甲賀寺造仏所とよばれる紫香楽から、奈良の現在地に移ってからのことだろう。

造東大寺司の構造

奈良に移ってからもしばらくは、公麻呂を首とした造仏司として、独立した機能をもっていたらしい。あるいは、それ以前に設けられていた大和の国分寺としての金光明寺《こんこうみょう》の造仏官なども吸収して大をなしたのだろうか。もっとも、この金光明寺が、やがて東大寺の地となる東山にあった金鍾寺《こんじゅ》（金鐘寺とも記され、キンショウジともよむ）とかさなるのか、東大寺にまったく吸収されたのか、ということには議論はあるのだが。それはともかく、

これだけの大事業だから、公麻呂・大国らのひきいる多くの工人群の他に、工事の進行、工人の人事や食料・給与、資材の出納などを管掌する僧俗の事務官が相当数配置されたにちがいない。だが、造仏司に関する資料はきわめてとぼしいため、後に造東大寺司主典（四等官）として位置づけられる志斐連《しひのむらじ》麻呂《まろ》が、事務を主管していたことはわかるが、詳細を知ることはできない。

その一方、東大寺の全体計画が進行するなかで造東大寺司が設置され、その機構がしだいに拡大整備され、大仏鋳造が一段落したころに造仏司をもそのうちの一部局である造仏所として合併している。正史である『続日本紀』はほとんどその経過を記していないが、すでに天平十八年（七四六）には造東大寺司が設置されており、同二十年（七四八）になると、長官玄蕃頭《げんばのかみ》従五位下市原《いちはら》王、次官従七位上佐伯今毛人《さへきのいまえみし》、判官正八位上田辺真人《たなべのまうと》・安《あ》倍真道《べのまみち》、主典従八位上山口佐美万呂《さみまろ》などの主要な官人が明らかになる。天平勝宝二年（七五〇）一月、

「造東大寺の官人以下、優婆塞《うばそく》（仏門修行の俗人男子）以上、一等卅三人に位三階を、二等二百四人には二階、三等四百卌四人には一階を叙す」

とあるのは、工人以外と考えられるから、その規模の大きさがうかがえる。

初代の長官が従五位下であることは、はじめは造薬師寺司などと同じにあつかわれたわ

けだが、寺院・僧尼を統轄する玄蕃寮の長官に兼任させたのは、それだけ重視したのだろう。次官の佐伯今毛人は草創期の実質的な責任者であり、天平勝宝七年（七五五）から天平宝字一年（七五七）には長官を勤めている。『続日本紀』には、同七年（七六三）にいたって市原王が摂津大夫《せつのだいぶ》に転じ、今毛人が長官になったと記しているが、天平勝宝七年（七五五）四月に造東大寺司の出した文書に今毛人が長官として署名しているから、むしろ正史の誤りであろう。なお、今毛人の後をうけて三代目の長官となった坂上犬養《さかのえのいぬかい》からは四位の官となり、判官も大判官・少判官各二人、主典は四人となって、このころにほぼその機構が確立したようである。

天平宝字の末年（七六四）ごろの状態をみると、中央の事務局として政所《まんどころ》があり、作業所としては造仏所・鋳所《ちゆうしよ》・木工所・造瓦所があって、それぞれ判官・主典・史生のうちから二名が別当として執務し、その下に何人かの将領《しようりよう》が雑工・役夫をひきいて制作にあたっている。また、特殊なものとしては大炊厨所《おおいくりやどころ》（食堂所《じきどうしよ》）と写経所《しやきようじよ》とがある。前者は造寺司の工人らの食物を調理する所で、別当二人のもとで将領が仕丁《しちよう》（五〇戸から二名上京して奉仕）をひきい、一月に米一五〇石をかしいだという。後者は、画工がここに所属したので次節に詳述するが、それ以前からあった写一切経所《しやいつさいきようしよ》を吸収したもので、文字どおり写経を業とする。この部局に関する文書は幸いにも豊富に残っているので、その活動の大体はうかがうことができる。

この他、造香山薬師寺《こうざんやくしじ》所・造石山院《いしやまいん》所・造上山寺菩薩《じょうざんじぼさつ》所など、独立した造寺司をもたず、東大寺の管理下に造寺・造仏の行なわれた事業所をふくむ。香山薬師寺はいまの新薬師寺に、石山院は次章に述べるとおりいまの石山寺にあたるが、上山寺は不明である。もちろん、これらはそれぞれの寺地内に設置され、別当などの事務官や主要な工人は造東大寺司から出向し、その功が終われば帰任している。さらに、造寺の用材を伐り出すために、近江に甲賀《こうが》山作所《さんさくしょ》・田上《たながみ》山作所・高嶋《たかしま》山作所、伊賀に伊賀山作所、丹波《たんば》に丹波山作所、大和・河内境に大坂石山《おおさかいしやま》所（二上山の北で石材の産地）などが設けられ、同じく別当・将領が雑工・雇夫・仕丁らを指揮して製材・運搬にあたっている。これらのうちのあるものは、後代まで杣《そま》として東大寺の荘園となっている。これ以外にも、特別な物の制作や修法のために、臨時に「、、所」とよぶ作業所が置かれているが、その一々については述べない。

造寺司の画工

東大寺写経所

仏教の興隆にともなって、寺院における僧侶はもとより、俗界の信者からも、読誦修行のための経典の需要は多く、また経典の書写そのものが功徳《くどく》であり、修行の手段ともされたから、写経はさかんに行なわれた。ことに、養老二年（七一八）の道慈《どうじ》、天平七年（七三五）の玄昉《げんぼう》の唐からの帰国、天平勝宝六年（七五四）の鑑真《がんじん》の来朝に際して、大量の経典のもたらされたことは、政府・貴族・寺院による大規模な写経事業をうながしている。なかでも、はじめ金光明寺に置かれ、やがて造東大寺司に属した写経所（奉写一切経所とも、写書所とも）は、国家事業として数多くの経典の書写を行なった。

写経所は、造東大寺司の他の作業所と同じく、判官・主典から二人の別当を任じ、その下に案主《あんしゅ》がいて事務を管掌する。写経生《しゃきょうしょう》（経師）が経文を書写するが、そのなかで表題を書くものを題師《だいし》とよぶ。ついで校生《こうしょう》が校正をして誤脱を正し、装潢《そうおう》が紙を貼り合わせて巻物に仕立てる。また、装潢は事前に料紙に罫《けい》を引く仕事もしている（堺《かい》師）。さらに瑩生《けいしょう》が巻軸を磨き、漆工が漆を塗り、画工が表紙・巻軸の装画にあたる。料紙や墨は図書寮で造ったものか、諸国から貢上されたものが供用されたが、筆工は写経所に所属していて、写経用の兎《と》毛筆、題師の狸《り》毛筆、罫引きの鹿毛筆などを作っている。この他、舎人《とねり》（五位以上の貴族の子弟で宿衛で雑用にあてられたもの）・仕丁《しちょう》らが雑用を勤め、優婆塞・優婆夷《うばい》（尼として修行中の女人）らの奉仕するものもあった。

その仕事ぶりの一例をみよう。天平宝字一年（七五七）九月二十三日から十月十一日までの一八日間に、『金剛寿命陀羅尼《こんごうじゅみょうだらに》経』六二五巻と『諸仏集会陀羅尼《しょぶつしゅえだらに》経』四〇〇巻、絵軸で綺《かんはた》（織物）の紐をつけあわせて一〇二五巻の経典を書写している。陀羅尼は呪文《じゅもん》を主体とする経文なので、あまり長くはないとはいうものの、二〇日足らずで一〇〇〇巻余りを写しているのだから、かなり集中した労働力が必要なはずである。さいわい、この写経の時期とほぼかさなりあう九月二十一日から十月十五日までの二四日間の写経所の勤務表があるので、それを見ると、延《のべ》人数で、経師四一三人、校生五七人、装潢四二人、瑩生一二人、漆工八人、画師三三人が作業に従事し、事務系でも別当二二人、史生一七人、使い走りの舎人五八人、給仕や掃除のための仕丁九一人が数えられる。

巻軸には、沈《じん》・白檀《びゃくだん》などの香木や紫檀《したん》・黒柿《くろがき》などの美麗な材を用いたもの、牙・水晶・瑪瑙《めのう》・玉《ぎょく》などを用いたもの、漆塗りのものなどがあり、この「絵軸」とよばれる軸頭に花文様などを描いたのは一部に過ぎないといっても、書写された経巻が数多いだけに、装画の仕事量はたいへんなものであり、画工が写経所に配属されたのはそれ故であろう。その上、経巻の装画はこれだけではなく、経巻によっては表紙や見返しに絵画や文様を描いている。正倉院には紫の色紙に金銀泥で山水樹木を描いた表紙絵が現存しているし、造東大寺司の政所から「絵表紙料」として金泥を写経所に支給した送り状も残っている。いま各所に分蔵されている色彩もあざやかな『過去《かこ》現在因果経《げんざいいんがきょう》』のように、本文上半に仏伝図を全巻連続して描いた作例もあり、仏画をそえた経巻もあったろう。

もっとも、このような写経にともなう作画需要は、造東大寺司設立以前からもあったわけで、天平九年（七三七）ごろの写経目録には、『随求《ずいく》即得陀羅尼《そくとくだらに》』の中に観音菩薩像を描いたことが記され、同十年（七三八）から同十二年（七四〇）ごろの『経巻納櫃帳』中に、「花軸」と注記したものが一五〇巻余ある。したがって、そのころの写経所にも画工はいたのだろうが、造東大寺司が成るに及んで拡充され、その活動もいっそう盛大になったのである。

写経所の画工群

ただ、写経所に配属された画工の人員や編成についての詳細は、明らかにするだけの資料がない。天平勝宝四年（七五二）、花厳《けごん》・法性《ほつしよう》（法相）・三論・律・薩婆多《さばた》・成実《じようじつ》の六宗の経論を納める厨子《ずし》を造り、菩薩・天部・僧形など一六体の像をそれぞれ描かせている。この時は厨子画所《えどころ》という作業所が臨時に編成されたらしいが、その彩色に要した顔料の出納を写経所が管掌しているから、写経所所属の画工が制作に従事したのだろう。各厨子に主任以下六～八名の画工が充当され、その他に担当を変更したのか傍書した氏名もあるので、全部で五〇名近い画工が見えている。そうなると造東大寺司の写経所には、画師・画

図11　麻布菩薩図（正倉院宝物）

部六四名という政府の画工司に匹敵するぐらいの画工群をかかえていたことになる。（このすべてが写経所の画工であったかどうかは多少の疑問があり、後述の大仏殿の装飾の場合のように画工司の応援をふくむかも知れないが。）

かれらは、さきの絵軸をはじめとする経巻装飾を主な業務として恒常的に行なっていたのだが、本格的な仏画の制作も当然重要な仕事だったにちがいない。天平勝宝五年（七五三）二月の写経所員の勤務を記した文書の画師の部に、

「五人画薬師仏、七人画神王像」

とあり、同八年（七五六）六月の分に、

「画師壱拾捌《八》人　並奉造観世音菩薩像」

とあるのはその例である。また、同五年（七五三）五月に、紫微中台《しびちゅうだい》（光明皇太后官職）か

ら阿弥陀仏像を描くための絵絹と朱沙《しゅさ》・金青《こんじょう》（良質の群青）などの絵具や膠《にかわ》を送ってきているのをみると、東大寺以外の作画需要にも応じていたのだろう。いま正倉院にある墨画の『麻布菩薩図』や、仁王会《にんおうえ》に用いたらしいおおまかな彩色の菩薩像幡《はん》なども、かれらの手になるのかも知れない。この『麻布菩薩図』ののびのびとした筆使いを見ていると、職人的な画工ということばからはみ出したするどい個性をさえ感じさせる。

だが、経巻装飾が主要な活動であったことでもわかるように、写経所の画工は、というより前章で指摘したとおり当時の画工一般がそうだったのだが、工芸品の装飾図案や彩色などのきわめて職人的な仕事に、むしろその本領を発揮している。さきの六宗厨子の扉絵などは絵画の部に入るのだろうが、写経所の記録で見るかぎり図案彩色がきわめて多い。正倉院には大仏開眼の時に供物をのせて仏前に供えた几《き》（脚つきの台）や盤《ばん》がいくつかある。そのうちの一つに、木製で粉地《ふんじ》彩絵《さいえ》の蓮花座のような形をした華盤《けばん》がある。白土で下塗り（粉地）をした上に朱で彩色し、さしこみになっている多くの蓮弁は、一枚ごとその表裏に美しい文様が暈繝《うんげん》（しだいに濃い色をかさねる彩色法）などを用いて描かれている。開眼供養よりは後のことだが、天平勝宝九年（七五七）に絵花盤所が設けられて、写経所の画工が多数の華盤の制作にあたっているのは、この類のものだったろうか。

こういう画工が写経所でどんな待遇を受けていたのだろうか。天平宝字四年（七六〇）、

『大仏頂首楞厳《だいぶつちょうしゅりょうごん》経陀羅尼』『随求即得陀羅尼』各一〇巻を書写させているが、それに従事した工人たちの一〇日間の給与を申請した文書が残っており、これは一つの基準としてみることができる。これに参加した画工二人は経師と同じ待遇を受け、まず作業衣である浄《じょう》衣《え》を支給されている。その内訳は、綿袍《めんほう》（絹綿入の表衣）・襖子《おうす》（上張）・汗衫《かざみ》（じゅばん）・袴《こ》（上の袴）・褌《こん》（下袴）・衾《ふすま》（夜具）・湯帷《ゆかたびら》（浴衣）・襪《したうず》（靴下）・冠であり、手巾《しゅきん》（手ぬぐい）と木履・草履とがそえられる。そして、一日当りの食料として次のものが与えられている。米二升、糯米《もちごめ》・小麦各二合、大豆・小豆各一合、塩六勺《しゃく》、醤《ひしお》（たまり）・未醤《みしょう》（みそ）・滓《かすひ》醤《しお》各一合、酢五勺、海藻《にぎめ》（わかめ）・滑海藻《あらめ》・大凝《こころふと》（天草）・少凝《ふのり》・芥子《からし》・漬菜《つけな》・漬薑《はじかみ》（しょうが）の他、野菜代として銭四文。種類や量は場合によって多少の出入があったようだが、雑工のなかでは比較的わりのいい給与といえる。

　また、仕事の成果に応じて布施《ふせ》ともよばれる功賃が、銅銭もしくは米・布などの現物で支払われるが、この時は右大舎人《みぎのおおとねり》従八位下能登臣《のとのおみ》男人《おひと》が出動八日、白丁能登臣国依《くにより》が六日に対して計四五〇文だったようである。男人はさきに述べた六宗厨子の制作に加わっていて、写経所の画工としては古参であり、位階も授けられているので、国依よりは上位だったろう。他の例からいって、画工には一日三五文前後が支給されているから、男人三六文とすれば国依二七文、男人三三文とすれば国依三一文ということになる。当時の三〇文といえば、米が六升程度であるから、悪い収入ではない。場合によっては勤務日数ではなく、仕事量による出来高払いということもある。

大仏殿の天井画

ところで、造東大寺司にとって最大の事業であった大仏の鋳造がほぼ終わり、大仏殿の建築ができあがると、木部の彩色と内部の天井その他の装飾が課題となり、建築の大きさからいって、相当数の画工が要求されたのは当然である。記録に残っているかぎりでも、三月に大仏殿の庇《ひさし》の間《ま》の天井にあたる垂木《たるき》の間の細長い支輪《しりん》（須里板《すりいた》）八一六枚に蓮花葉文を三六人で、四月には母屋の天井の格子の間に二八の蓮花文を三四人で描いている。用意した絵具・筆墨の類も大量で、墨大小四挺、内唐墨三挺、筆用の鹿毛約六〇〇グラム、金箔三七五枚、銀箔四四〇枚、朱沙六キログラム（以下概数）、金青一二キログラム、丹一一五キログラム、白緑一三キログラム、同黄《とうおう》（籐の樹脂からとる黄色）八キログラム、胡《ご》粉《ふん》（鉛白）四・五キログラム、その他が政所から送られている。しかし、建築の装飾とはいいながら、さすが大仏殿には良質の材料を用いたらしく、金青・同黄はもちろん輸入品だろうが、墨も唐墨を、胡粉も「唐」と注記して輸入の特上品をあてている。当時の価格でいえば、朱沙だけで銅銭三〇貫文、金青二二四貫文を数え、おそらく顔料だけで五〇〇貫文をこえたのではなかろうか。

とにかく天井の面積が広いので、画工を左右二組に分け、さらに制作工程を分担して作業を進めている。支輪の場合でいえば、右方は三月二日から十六日まで二〇人で、右方は七日から十六日まで一六人で作業し、白土の下塗り、下絵からの型取り（木画）、輪郭線（堺）、彩色と工程を分けている。木画で左方は一人が担当し、右方分の四枚も書いているのに、右方は六人をあてるなど、人数の割り当てや一人の担当量は平均化はしていない。たとえば、左方の河内石嶋《かわちのいわしま》は五六枚を彩色しているのに、右方の掃守真弓《かもりのまゆみ》は一枚にすぎないし、新羅人伏麻呂《しらぎのひとのふしまろ》飯万呂《いいまろ》（新羅飯万呂と略称されている）は十三日に参加したが、十五日以後は伯父の看病のために欠勤しているので、二日間で一四枚の彩色をしただけである。天井の蓮花文のほうは多少編成が変わるがやはり左右に分け、径一・二メートルほどの花実とよんでいる中心の蓮肉の部分と、それを囲む一六枚ずつの花弁とに分けて、それぞれ輪郭と彩色とを分担している。

この支輪と天井の作画には、実質的にあわせて四二名の画工が従事している。当然、造東大寺司の写経所に所属した画工の多くが動員されたにちがいないが、それだけでは不足だったのだろう。二月末には中務省の命令で画工司の画部《えかき》一七名が東大寺に出向することになり、この仕事にはそのうちの八名が参加している他、それ以前から出向していたとみえるが、画工司の長上画師上村主《かみのすぐり》牛養《うしかい》と画部河内広川《かわちのひろかわ》・辛国広山《からくにのひろやま》・息長丹生川守《おきながのにうのかわもり》も加わっている。資材の供与が造寺司政所から行なわれているし、画工司の画工の発遣も造寺司で受理しているから、工事の主体はやはり造東大寺司にあったのだろうが、この作画の功銭の報告書には牛養と画部河内画師《かわちのえし》石嶋《いわしま》や牛鹿画師《うじかのえし》足嶋《たるしま》が連署しているところをみると、ここで編成された画所では画工司画人のほうがやや上位に立ったのだろうか。

ただし、さきにあげた仕事の分担や功銭でみるかぎりでは、とくに画工間の上下の差別は感じられない。功銭は単純に分担した仕事の種類と量によって決定している。支輪の場合、白土塗りは八枚で一文、木画は二枚で一文、堺は一枚一文、彩色は一枚五文である。天井の蓮花については、現存する記録の単価と合計の合わない部分があるが、花実の朱と墨による堺線が一果一五文、白土・緑青・同黄による彩色が一果五文、蓮弁については白土塗りが一〇枚一文、木画八枚一文、堺四枚一文、彩色一枚八文となっている。上牛養は上述のとおり画工司の長上画師だが、ここでは支輪の堺二六八枚と、左方の花実七果の堺、蓮弁の半分にあたる一一二枚の白土・木画・堺を担当している。輪郭線は古参画工があたっているようでもあるが、功銭はそれだから多いということもなく、河内石嶋が四九七文を受領しているのに対して、牛養は四三一文が与えられている。

なお、この前年、同じく大仏殿の装飾のために東大寺に出向したと考えられる画工司の工人の名簿があり、支輪・天井画の時とあわせると多少の重複はあるが、未選をふくめて三二名の氏名を知ることができる。そこで気のつくことは、画工司の画工には、河内・黄《き》文《ぶみ》・簀秦《すのはた》・牛鹿など画師を姓《かばね》のごとく称する、ということは早くから画工を出している氏が半分近いことである。これに比して、写経所の画工と考えられるものは、上《かみ》・秦《はた》など画工司に参勤している画工と同じ系譜のものもいるが、むしろそれ以外の氏が多く、ことに丹波《たんば》・能登《のと》や上道《かみつみち》・下道《しもつみち》（ともに吉備《きび》の部名）など、本来地方豪族かとみえる氏姓がある。これは前章の「在地の画工たち」で述べたこととあわせて、画工を生み出す地盤がひろがったものとして注目されるし、同じ官立とはいっても新しく形成された工房では、旧来の画工の家系以外から画工を開拓していったことをうかがわせておもしろい。

6　ある画工の軌跡

上村主楯万呂

正倉院古文書

奈良の正倉院は、いま政府の管掌下にあるが、もとは東大寺の財宝の倉庫であり、大仏の開眼供養に使用した品物と、聖武天皇の遺愛品をその四十九日の供養のために奉納したものとを中心に、無数といっていいほど多くの宝物を収蔵している。校倉《あぜくら》造りとよぶ太い材木を組み上げた高床の建築が堅固で災害を免がれたことと、天皇の命令がなければ開くことのなかった勅封蔵であったことが幸いして、一二〇〇年余の長い歳月を経ても、散逸・損傷がきわめて少なく、往時の盛観をそのままにとどめている。西は遠くササン朝ペルシアから伝来したガラス器や、唐・新羅より舶載した楽器・工芸品などをふくめて、土中に埋納されることなく伝世しただけに、日本のみならず八世紀のアジアの文物を知る上で、かけがえのない貴重な世界の宝庫といえる。唐からもたらされたとみえる螺鈿紫檀《らでんしたん》五絃琵琶《ごげんのびわ》をとって見ても、唐代の漆工芸のすばらしさがわかるだけでなく、撥《ばち》面の螺鈿の文様がヤシの木の下でラクダに乗って琵琶をひく人物であることは、西アジアとの文化交流を物語る資料でもある。また、想像をめぐらして、西南諸島のアコヤ貝の類が日本から輸出されたというから、その貝が螺鈿の原料になったとすればなおおもしろい。

だが、正倉院の宝庫たるゆえんは、花やかな美術工芸品のみにあるのではない。目立たないものではあるが、そこに所蔵された一万点にも及ぶ八世紀の古文書《こもんじょ》は、まさにわれわれにとっての宝の山である。大宝二年（七〇二）から宝亀十一年（七八〇）にわたるこの

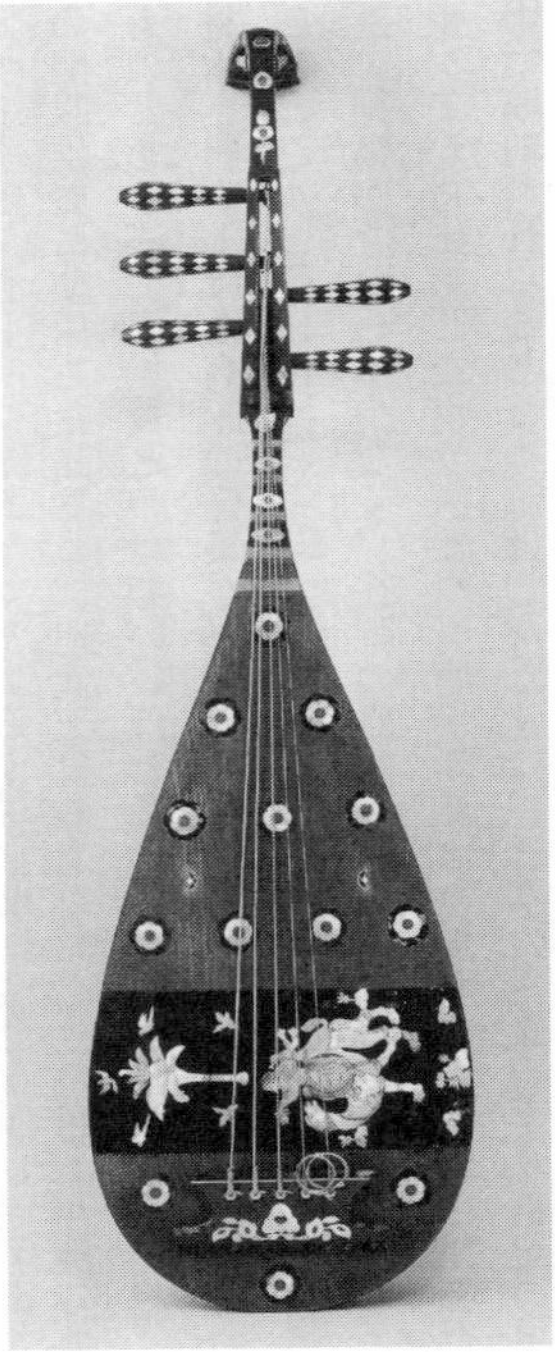

図12　螺鈿紫檀五絃琵琶
（正倉院宝物）

文書群の大部分は、東大寺もしくは造東大寺司に関するものであるが、それればかりではない。そのころ東大寺では写経所を設けて、唐・新羅から伝来した大量の経典の書写につとめているが、当時は紙が貴重なものであったために、官庁の公文書の廃棄されたのを譲り受けて、その紙背を用いている場合がある。そこで、なかには経典の裏面に、八世紀初めの戸籍や諸国の決算報告書にあたる正税帳など、社会経済史の上できわめて貴重な資料を見ることができる。

いささか傍道に入れば、写経所の写経生についての記録がある。大量の写経にあてるために下層の官僚から能筆のものを選んで写経生に採用しているが、テストの時に文字を書かせた試字の例が残っている。経師《きょうじ》ともよばれるが写経生になると、作業衣としての浄衣《じょうえ》が貸与され、勤務した日は、食料として米二升・大豆一合・小豆二合の他、海藻類・漬菜、醬《ひしお》（たまり）・未醬《みしょう》（みそ）・酢・塩などが支給された上、出来高に応じて功賃が与えられている。ふつう一枚五文、細字の割注の入ったのは七文、金泥《きんでい》で書く場合は一〇文と割増になり、一字まちがえると一文、一行脱落は二〇文の罰金をとられ、月毎に集計が行なわれている。請暇解《せいかげ》と称する欠勤届も何通か残っているが、家族の不幸や本人の病気はともかく、衣服の洗濯のためとか、どろぼうに入られたためとかいうのがあるのはおもしろい。収入のほとんどない下級官僚としては、写経生としての功賃は魅力的だったらしいが、それでも生活の苦しいものもあったようで、給与の前借りを申し出た借銭解《しゃくせんげ》もあり、当時の生活の実態がこの古文書群から浮かび出てくる。

前章まで述べてきたこと、なかでも造東大寺司とその画工群については、じつはほとんどがこの「正倉院文書」を資料としている。詳細な伝記はともかくとして、一二〇名にのぼる一二〇〇年前の画工の名前だけでも知ることができるというのは、世界でもめずらしいことといえるが、それもこの古文書群のあるおかげである。そのなかで上村主楯万呂《かみのすぐりのたてまろ》、あるいは上村主楯とよばれている一人の画工は、さいわいなことに天平勝宝六年（七五四）から天平宝字六年（七六二）にかけて一七通の文書に名が見え、画工としての行動のかなりの部分を追跡することができるので、これを具体的な例としてみたい。

楯万呂の家系

上村主の一族は、『新撰姓氏録《しんせんしょうじろく》』によれば、左京・右京・摂津・和泉の「諸蕃・漢」の条に、

「魏《ぎ》の武皇帝の男陳思《ちんし》王植《しょく》の後なり」

と記した広階連《ひろしなのむらじ》と同祖とある。魏の曹操《そうそう》の子で悲運の才子とうたわれた曹植の末孫を称しているのは、さきに画工の家系としてあげた河内画師とも同族ということになる。『日本

書紀』などの正史では、天武天皇八年（六八〇）に多褹《たね》（種子島）に派遣された上村主光《こう》父《ほ》と、持統天皇五年（六九一）にその学業を賞して租稲一〇〇〇束を、さらに同七年（六九三）には食封《じきふ》三〇戸を賜わり、慶雲一年（七〇四）に阿刀《あとの》連《むらじ》と氏姓を改めた大学博士《だいがくのはかせ》上村主百済《くだら》がみえるのみで、その渡来の時期は明らかではない。おそらく、初めはいまの大阪府下の各地に分布して、西漢直《かわちのあやのあたい》の配下にあったと推測されるから、他の渡来系氏族の例から考えて、比較的早く移住してきた百済系とみていいだろう。

八世紀にはいると、河内に本貫をおいて下級官僚として活動したものは多く、楯万呂と同じ時期に造東大寺司の写経所の事務官であった上村主馬養《うまかい》のように、造寺関係の事務にたずさわったものもある。また、一部は本貫を右京に移していたとみえ、天平勝宝九年（七五七）九月四日の『西南角領解《せいなんかくのりようのげ》』の大仏殿荘厳に従事した画工の名簿のうちに、「上村主宮万呂《みやまろ》」があり、それに、

「右京九条四坊戸主従《じゅ》七位下上村主牛甘《うしかい》戸口」

と注記している。しかも、この戸主牛甘自身が、翌天平宝字二年（七五八）三月十七日の『画師行事功銭注進文』中に、

「画師司長上従七位下上村主牛養《うしかい》」

と署名しているから、戸主が画工司の長上画師であり、その家人もまた画業に従事してい

たことがうかがえる。

したがって、楯万呂もその系譜に属するといえるが、かれ自身は、後述する『造石山院所労劇帳』（以下『労劇帳』と略称）によると、

「画師造東大寺司番上従八位下上村主楯 年卅八 近江国栗太郡人」

と記されている。「栗太《くりもと》」に「滋賀」と傍書してあるので、どちらが正しいかわからないが、近江に貫籍した一支流と見るべきであろう。七世紀後半、新しく半島から渡来した集団を多く近江に配置しているので、あるいはそのころすでに移住していた族系の一部を移籍させたのかも知れない。この後、八世紀後半に出家して律師となった善栄が上村主の族系から出ている他、九世紀前半にかけて下級官僚としての上村主の一族は散見し、あるものは相模国鎌倉郡に本貫を移しているし、また、連と姓《かばね》を改め、あるいは同祖の広階連に吸収されてしまったものがあるが、画工のような技術をもって奉仕したものの例は後代にはみない。

写経所の楯万呂

写経所での作画

楯万呂の名が初めて見えるのは、天平勝宝六年（七五四）八月から翌年七月にわたる一年間の写経所員の出勤状態を整理した『写経所経師以下上日帳』である。これによると、

「上楯万呂　八月 日廿五 夕廿四　九月 日十三 夕十二　十月 日十七 夕十六　閏十月 日廿八 夕廿七　十一月 日廿二 夕廿一　十二月 日廿二 夕廿一
正月 日十七　七月 日卅之中三戒堂所十五厨子所 夕廿九」

とある。他に画工としては、別乙万呂《わけのおとまろ》が八月・九月の両月、能登男人《のとのおひと》が閏十月に参勤しているが、楯万呂の上日《じょうにち》（出勤日）は他の写経生に比してもすこぶる多く、すでにこの時点で造東大寺司写経所の画工として中心的な存在だったことがうかがわれ、『労劇帳』にいう「造東大寺司番上」の画師になっていたのだろう。『労劇帳』から逆算すると三〇歳ぐらいであり、これ以前から勤務していたのかも知れないが、出仕の時期については資料がない。この少し前の同四年（七五二）に写経所の画工が参加して、六宗厨子《ずし》の扉絵の制作が行なわれており、そのなかに能登男人の名も見えるが、楯万呂はまだ入っていない。

じつはちょうどこの天平勝宝六年（七五四）という年は、有名な唐僧鑑真《がんじん》が来朝した年

で、大量の経典・図像がもたらされ、写経所としてはこれからしばらくその書写に忙殺されているから、経巻の装飾・仏画の制作と画工の仕事も急激に増加している。もしかすると、楯万呂もそのために任用されたのかも知れない。通常の官人は八月から正月までの半年間に一二〇日以上、すなわち三分の二の上日があれば、春夏の季禄として現物賞与を支給されるのだから、楯万呂の場合、一四四日に及んでいるのは精勤というべきだし、八月・閏十月はほとんど休日なしの連日に近く、七月にいたっては完全な全日勤務であることは注目される。したがって、そこで従事した作画活動の量の多さも推測できよう。すくなくとも、その間の九月には、『華厳経《けごん》』一〇部のための梨軸七〇〇本と、その装飾のための紫土一斤（約六〇〇グラム）と膠《にかわ》一〇両（約三七〇グラム）が写経所に送られているし、また閏十月には『不空羂索観音像《ふくうけんざく》』一鋪が制作されている。楯万呂は当然その作画に参加していたはずである。

この『上日帳』では、同七年（七五五）の二月から六月までの楯万呂の上日が記録されていない。しかし、二月には少僧都の『華厳経』用の軸一〇八本が写経所に送られ、これに描かせているところをみると、作画の仕事は継続していたのだから、楯万呂自身の服喪など個人的な理由で休暇をとったのだろう。ここで休んだせいか、七月に入ると前述のとおり連日勤務しているが、そのうち三日は「戒堂所十五厨子所」と注記してあることは注目される。この戒堂所とは、鑑真の戒律伝来によってこの年に建造された後世にいう戒壇院にあたると考えられ、そこに備えられた一五の納経厨子の装画を担当したことになる。もと戒壇院にあったという厨子の扉絵の模本があり、いま見るのは彩色のない線描にすぎないが、樹下に立つ菩薩や神将形天部の姿には唐風をみごとに消化していることがうかがわれ、これが一五厨子に相当するとすれば、楯万呂らの画技の高さを示すものとなる。もっとも、さきにあげた六宗厨子の場合、一基の厨子に五人から八人の画工が参与しており、制作日数も約一か月は要しているようだから、楯万呂が三日しか加わっていないということは、一基の厨子のごく一部の制作過程のみにあたったのだろう。

つづいて、天平勝宝七年（七五五）八月から翌八年（七五六）七月までの『上日帳』が

図13 東大寺戒壇院厨子扉絵図像〔模写〕

残っていないので、楯万呂がどのように勤務したのかは不明だが、七年八月末に梨軸四〇〇本がとどけられているのと、八年の分については、食料支給のために毎月の写経所の動員数を記した『食口帳』があるので、画工の仕事の大体はわかる。経巻の巻軸の装飾はあいかわらずで、「絵軸」と注記されているのが、一月一人、二月九人、三月一三人、四月六人、五月四人、七月九人とある。ただし、これを延人数とすれば、一人が何日間か担当したとみることができる。ところが、このころから大仏殿関係の仕事がでてきて、四月には「三人絵瓦様」とあって、瓦の文様の下絵制作があり、七月には「六人絵大仏殿図」とある。また、六月には一八人が観世音菩薩像を造り、七月二十日に、瑩俊《えいしゅん》法師の修法壇のために画師三九三人が参加したことが報告されている。この最後のものは、写経所の管轄下にあったようだが、「壇法所食口」となっている上、画工の人数が多いので、修法本尊の仏画制作のために別に作業場が設置され、写経所本来の仕事と並行して何か月かにわたって作画が行なわれた延人数と考えられる。楯万呂は当然このうちのいくつかに参加したはずである。

出向しての作画

このあと天平勝宝九年（七五七、八月に天平宝字と改元）六月以降の『上日帳』が不完全なので、楯万呂の勤務状態は断続的にしかつかめない。この間の『食口帳』や、支給した材料を記録した『用度帳』によると、楯万呂の上日している月だけでも、絵軸の他にさまざまな仕事があったようである。天平宝字二年（七五八）十月には六日と九日の二度にわたって、それぞれ一〇本・一三本と『金剛般若経』の巻軸が楯万呂に渡されているので、経軸の装飾は依然として重要な業務であったに相違ない。しかし、「押金簿木花盤」「彩色鼓筒」などと工芸品の装飾もあり、「大仏界御座花」（天平勝宝九年三月）や「絵千枝燈」（天平宝字一年十二月）などという記事のあることは注意をひく。

この「大仏界御座花」の「界」は輪郭線をひく意味だから、大仏の蓮弁に刻まれた絵画の下絵を作ったのだろう。さきに大仏に関して述べたとおり、仏体は二度の火災で原形をとどめないが、全面にみごとな毛彫りで仏国土図や仏菩薩図を刻み出した台座蓮弁の大部分は、幸いなことに当初のものが残っている。この図を見ると、盛唐の様式を学んで円満にして荘厳という仏の相好が過不足なく表現され、彫金の技術の高さはいうまでもないが、下絵にあたった画工の手腕は驚くべきものがある。これが楯万呂をふくむ写経所所属の画工たちの手になったとすれば、経巻軸頭の花文様の彩色などという職人仕事をしていた工人の業とは思えないほどである。

千枝燈というのは、日本では他に記録を見ないが、当時唐では上元《じょうげん》とよんだ正月十五日の夜、いわゆる元宵《げんしょう》の節に、飾りたてた燈火を高く数層に連ねる張燈の風習があったというから、これに類するものだったのではあるまいか。

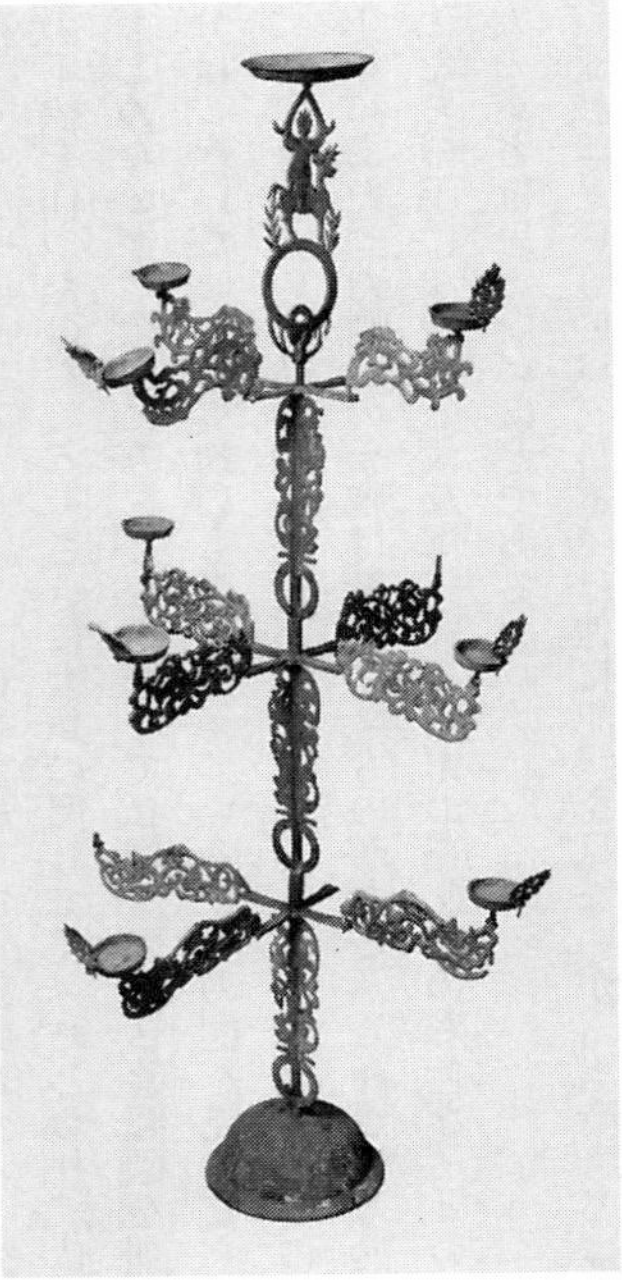

図14　甘粛省武威漢墓出土連枝燈
（甘粛省博物館蔵）

甘粛《かんしゅく》省の漢墓から、頂上と三本ずつ三段に張り出した枝先に燈明皿をつけ、茎や枝に透し彫りの装飾をほどこした銅の燭台が出土しているので、室内の燭台に原形があるのだろうが、唐代の文献には「燈輪高二十丈」とか、「燈楼二十間、高一百五十尺」、「百枝燈樹高八十尺」などとあり、上元の屋外の装飾照明として大規模化したのだろう。新疆《しんきょう》省から発掘された旧時の高昌《こうしょう》国の廃寺の壁画に、秋田の竿燈《かんとう》のような形の燈樹に点燈しているところが描かれている。日本の千枝燈の設計・装飾が十二月に行なわれているのは、やはり上元のころにあたる踏歌《あられはしり》（歌曲をともなう群舞）のためだったのだろうか。あるいはまた、燈樹が中国でも仏教的行事にも用いられており、敦煌莫高窟《とんこうばくこうくつ》の『七仏薬師浄土変《しちぶつやくしじょうどへん》』のなかに、文字どおり千枝を数層の輪状に配した大燈台が見えるから、日本の場合は年末にしばしば行なわれた燃燈供養のためだったのかも知れない。いずれにしても、こういう工作物の制作に画工の参与しているというのはおもしろい。

図15　東大寺山堺四至図（正倉院宝物）

こういう写経所内での仕事の他、このころから楯万呂は外部での作業に派遣されることが多くなっている。まず、天平勝宝八年（七五六）九月から東大寺の寺領画定のために荘園の地図を制作することになり、楯万呂他一名が現地に派遣されている。その資料の一つは、

「天平勝宝八歳九月十九日より始む

十九日下す　丹参両弐分
右所々の庄の図を作る料として下すこと件《くだん》の如し、上楯万呂に付す
判官紀朝臣池主」

という文書である。「丹」はふつう鉛丹（酸化鉛）もしくは丹土（水酸化鉄）など赤色顔料をさすが、絵具一般を丹とよぶこともあり、地図では赤より緑青《ろくしょう》・岱赭《たいしゃ》・黄土などの用いられている量のほうが多いので、ここで下行された三両二分（約五六グラム）の丹は後者ではないかと思われる。『食口帳』の九月の分に「二人絵所〻荘図」とあり、十月の分に「二人遣使」とあるのは、作図のための出張とみていい。十二月に勘定《かんてい》された摂津国水無《みな》瀬《せ》庄の図や、翌年正月勘定の右京五条六坊の園地の図が残っているのは、その成果だろう。むかしはこういう地図の制作は画工の仕事であり、そこに描きこまれた樹木や山石を見ると、さすが当時の山水画につらなるものがある。

つぎに、天平宝字二年（七五八）三月ごろ、建造成った大仏殿の母屋の天井や廂《ひさし》の支《し》輪《りん》（屋根裏の垂木の間の細長い板）の作画彩色が始められ、多くの画工が動員されている。面積が広いだけに、充当された絵具の一部をあげても、金青《こんじょう》（上質の群青）一一〇斤（約一二キログラム）・朱沙一〇斤余（六キログラム強）・丹二〇九斤余（約一一五キログラム）、金箔三七五枚・銀箔四四〇枚といったぐあいで、左右に分けた区画のそれぞれに二〇人ぐらいず

つの画工を配している。三月に行なわれた支輪の作画には楯万昌の名は見えないが、四月初めから九日までに制作された天井の蓮花文の右方に楯万呂が参加している。この時は、白土の下塗り、下絵の型置きをした上、蓮肉と花弁に分けて輪郭線と彩色が分担されているうち、楯万呂は花弁二二四枚の輪郭を一人で担当し、五六文の功銭をもらっている。この分担はかならずしも技能の巧拙によるものではないらしく、功銭も量によってまったく機械的に支給されている。

大嘗所と法華寺

なお、この年八月の『上日帳』には「画工少初位上上村主楯」と記され、このころすでに位階が授けられていたことは注意される。同じころ、画工司の長上画師だった同族の上村主牛養が従七位下、画部《えかき》の河内画師石嶋《いわしま》が正八位上、牛鹿画師《うじかのえし》足嶋《たるしま》が従八位上であるのに比べると低いが、それまでの画業が認められたのだろう。

さらに十一月の『上日帳』には、上日二六日のうち二〇日が「大嘗所《だいじょうしょ》」と記されている。この年八月に孝謙天皇が皇太子大炊王《おおい》（淳仁）に譲位したので、十一月、乾政官《けんせい》と改称されていた太政官で大嘗会《だいじょうえ》が行なわれている。その斎場造りに楯万呂が動員されたとみえる。八世紀の大嘗会については詳細な記録がないので、斎殿の設備や調度がどんなものだったかはわからない。後代の例でいうと、悠紀《ゆき》（由機）・主基《すき》（須岐）の両国にそれぞれ画工が配置され、斎場の見取り図や奉仕の人々の小忌衣《おみごろも》の絵様、斎殿内に置く屛風の絵画、飾り物である標山《しめのやま》の制作などにあたっている。一〇世紀以降は屛風絵が主要な仕事になっているが、それをどこまでさかのぼらせうるかは問題があり、九世紀の例でいうとむしろ標山の設計が重きをなしていたようである。標山は本来神霊のより降る象徴であったものが、後世の山・鉾《ほこ》の先駆となる祭儀の場の飾りに転じていったといえる。天長十年（八三三）の大嘗会の標山を見ると、悠紀・主基ともに日月彩雲を頂いた山岳に仙人・瑞獣などを配した豪華な装置で、カラクリ人形などがしかけてあったらしい。八世紀の場合は明らかでないが、楯万呂が二〇日も働いているところからみて、調度や衣服の図案ていどの仕事だけとは思われず、こういう複雑な細工がふくまれていた可能性はある。

天皇の即位によって行なわれる大嘗会は、宮廷行事のなかでも重要なものであり、その装飾は当然画工司の画工の任務と考えられるのに、造東大寺司の画工である楯万呂が出向していることは注目すべきである。これは楯万呂の技能に利用すべきものがあったからではあろうが、大仏殿の荘厳に多数の画工司人が参加しているのに対して、造東大寺司の画工が逆に宮廷に出向しているのは、両司の画工がほぼ対等にあつかわれ、相互に交流していたことを説明している。これはまた、両者の出身の基盤や養われていた技術がほぼ同じであったことを物語っている。

このあと天平宝字三年（七五九）については、楯万呂に関する資料が残らないが、福山敏男によってこの年の夏から翌四年（七六〇）にかけて造営された法華寺の阿弥陀浄土院に相当すると考証された「作金堂所」関係の文書に、楯万呂の出向したことがみえている。法華寺は光明皇后が伝領した藤原不比等《ふひと》の旧宅の地に造営した寺で、国分寺における東大寺とならんで総国分尼寺の位置にある。『続日本紀』の同二年（七五八）に「造法華寺判官」の職名が見えるから、造法華寺司が設置されていたようだが、工人たちの多くは造東大寺司から派遣されている。楯万呂は、鴨大嶋《かものおおしま》・小長谷田虫《こはつせのたむし》・小幡諸人《こばたのもろひと》・能登男人《のとのおひと》・建《たけ》部《べの》研らとともに、金堂の天井・支輪・欄間の蓮花・菩薩・飛天・雲形を描いたのである。落成後、工人に賞与を支給した文書の草稿によれば、他の画工が二等と評価されたなかで、楯万呂は建部研とともに三等とされ、絁《あしぎぬ》（粗製の絹）一匹《ぴき》・綿四屯・布二端を与えられている。ただし、これも技能の評価というより、他の画工のほとんどが上日二〇〇日に近いのに、楯万呂が四九日、研が九一日という仕事量によるのではないかと考えられる（男人五六日という例外はあるが）。なお、別当安都雄足《あとのおたり》が写経所にあてた文書には、楯万呂に「花形佐須《はながたさす》」の図案を作らせたことが見えている。佐須は叉首《さす》、すなわち蟇股《かえるまた》だろう。

石山院の楯万呂

石山院の造営

つぎの天平宝字五年（七六一）については、また資料を欠除するが、翌六年（七六二）、石山院の造営にともなってふたたび楯万呂が登場する。石山院はいまいう石山寺で、滋賀県大津市、琵琶湖の南で瀬田川の西岸にある。以前から小さな仏堂はあったらしいが、同三年（七五九）、孝謙上皇によってその少し北に保良宮《ほらのみや》が造られ、同五年（七六一）に行幸があったのを機に、石山で『大般若経』の書写が開始されたのとあわせて、写経所・僧房が造築され、本尊・仏堂も新しく造られることになった。そこで、そのころ東大寺の運営に手腕をふるっていた僧良弁《ろうべん》のもとで、造法華寺司別当にもなった安都雄足がここでも別当となり、造東大寺司の司人・工人の一部をさいて造石山院所が構成された。

石山寺は文字どおり巨岩の上に建てられた寺院で、後世に火災にあったために、いま秘仏となっている本尊如意輪《にょいりん》観音像は、一三世紀初めごろに新造されたと考えられる木彫仏であるが、当初のものは丈六半跏《はんか》（坐高二メートル弱）の塑《そ》像（粘土像）で、六尺（約二メートル）の神将形像二体が脇侍として両側に立ち、その下に正面三丈（九メートル強）・

奥行一丈三尺（四メートル弱）の磯座《いそざ》（岩盤状の台座）がつらなっていたという。この本尊は、保良宮に行幸のあった翌月、五年（七六一）十一月に製作に着手され、翌六年（七六二）二月十五日、仏舎利を体内に納めて仕上げにとりかかった。そして、その三月、造石山院所から造東大寺司に四項目の申請が送られた。そのうちの一条に、

「画師上楯《かみのたて》を請ふ

　右大僧都《だいそうず》（良弁）の宣を被《こうむ》るに云はく、行事故有り、十箇日間請はんと欲すといへれば、今宣旨を具して請ふところ件《くだん》の如し」

として、一〇日の期限を切って楯万呂の造石山院所への出向が要請されている。このことから、楯万呂の画技がかなり高く評価されていたとみてよかろう。

　これに対して、同二十四日に造東大寺司からは、

「画師上楯使に付して赴《おもむ》かしむ

　右の人、仏菩薩の御座の金物等に絵がくこと未だ了《おわ》らず、行事了らば、即ち早く還り向へ」

と申し送り、条件づきで楯万呂を石山に派遣している。東大寺で従事していたという鋳銅の仏菩薩の台座絵が何を指すのかは明らかでないが、まだ多くの事業が進行していて、楯万呂がその主要な部分を担当していたということにはなる。しかし、一〇日という短い期

限は初めからむりな話で、造石山院所での仕事はそれから九月まで、約半年の間かかっている。

石山での作画活動

石山での主要な仕事は、いうまでもなく本尊と両脇侍、それに台座の彩色である。さきにもいうとおり、本尊は左足を垂下した半跏坐像で、腰から上だけでも三メートル近く、脇侍も等身をこえる大きな像だから、その彩色もかんたんなことではない。仏体の塑造は七月五日に完成しているが、それ以前から塑造と並行して部分的な彩色にとりかかっていたらしい。『雑物用帳』一には、四月二十一日に「仏彩色」に用いる釘を下行したことがみえ、六月二十一日には「画師ならびに木工等」の常食料の支給が申請されている。六月の『上日帳』をみると、仏工の己智帯成《こちのおびなり》が一五日にすぎないのに、楯万呂がそれより多い二三日の上日を数えているということは、このころになると彩色のほうが忙しくなっていたのだろう。七月二日になると、本尊の彩色は五分の一が完了していたという。

仏体・台座の塑造の完成した七月八日から彩色作業は本格化したが、そうなると楯万呂一人ではまにあわなくなったらしい。七月九日には造石山院所から造東大寺司へ、菩薩像彩色のための帛帳一条とともに、画師の増員を要求し、雀部浄人《ささきべのきよと》か尾張古万呂《おわりのこまろ》を派遣してもらえれば、一〇日間で彩色が終わるだろうと申し送っている。ただ、この増員分については一日四〇文を支払ってほしいという条件がついている。雀部浄人は天平宝字二年（七五八）から三年（七五九）にかけての大仏殿の装飾に参加した画工であり、尾張古万呂は他に資料をみないが、同姓の大市《おおいち》が天平勝宝四年（七五二）の六宗厨子の扉絵制作にあたっているから、古万呂も画工として造東大寺司に奉仕していたのだろう。しかし、九月五日の『造石山院所銭用帳』に、「画師簀秦豊次《すのはたのとよつぎ》雇夫《こふ》功料」として銭二〇文が下付されているから、実際に派遣されたのは簀秦豊次であったとみえ、しかも功銭は二〇文と半減されている。簀秦は、第三章に記したように、近江国犬上《いぬがみ》郡に居住して画工を出した氏であり、豊次はもともと画工司の画部であったのが、大仏殿の装飾のため造東大寺司に出向していたものである。

豊次がいつ石山に到着したか明らかではないが、七月八日から彩色所という部署が編成され、正式職員である司工としての楯万呂が主任となって、臨時にやとい入れた雇工《ここう》という形で豊次が副となり、その下働きに直丁三ないし五人が配属されていたと考えられる。この人員で本尊・脇侍の三体と礎座の彩色にかかったわけだが、いま東大寺法華堂にある塑像の執金剛神立像《しゅこんごうじんりゅうぞう》に残る彩色を見てもわかるように、かなり複雑で華麗な文様を描きこんだのではあるし、やはり一〇日ではできあがらなかった。それに、石山では材料の準備

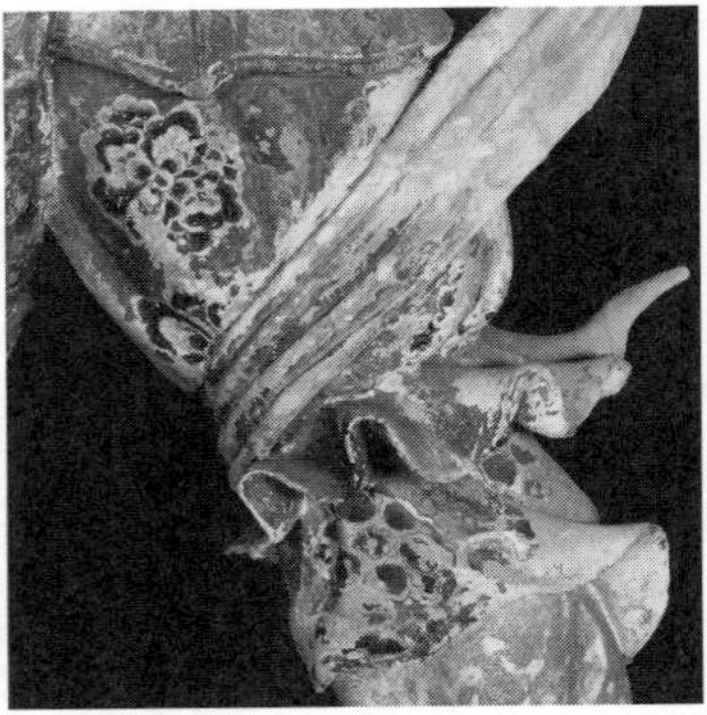

図16　執金剛神立像左袖文様（東大寺蔵）

がとのわなかったということもあったのだろう。七月十八日には金墨二分《ぶ》（一九グラム弱）を請求し、同二十五日には先に送られた彩色下地用の白土が粗悪だったので、改めて良質の白土一斗を送ることを求めている。結局、一月余を経た八月十二日に彩色の功が終わり、造石山院所の業務がいちおう完了した同二十七日、他の工人三三人とともに楯万呂の業績も『労劇帳』にまとめて報告されている。

ただし、楯万呂はこの後もしばらく石山にとどまったらしい。石山院の写経所の九月の『上日帳』に、楯万呂の上日一〇日を数えているから、ここで東大寺の写経所の場合と同様、装画・経軸装飾などのことにあたったのだろう。しかし、十月の『上日帳』にはすでにその名が見えないので、もとの造東大寺司の写経所にもどったかと考えられる。三八歳という年齢からいって、まだ引退ということでもなかろうが、その後について楯万呂の名を記した資料を発見できないのは、いささか残念である。とはいうものの、正史に登場することのない一人の画工の八年にわたる行動をたどりうるのは奇蹟ともいえる。

その経済生活

最後に楯万呂がどんな待遇を受け、社会的にどんな位置を占めたのか、わかるかぎりで確かめてみよう。造東大寺司の番上画師というと、いまからみると技術官僚という感があるが、正式には当時は雑工にすぎない。画工は、初めに述べたとおり、律令制以前の部民という隷属的な先行形態をもたないが、画師・画部は部民制に起源をもつ他の工人の伴《とも》造《みやつこ》・品部《しなべ》雑戸《ざつこ》に準じてあつかわれているから、口分田《くぶんでん》農民である白丁《はくちょう》とは区別される。もちろん、画工も口分田は班給されて租稲は納めるが、白丁と大きく違うのは、楯万呂のように造東大寺司に上番していれば課役は免除されることである。本来はいつでも自由に駆使できる隷属民だから課役の必要のないということだったのだろうが、このころになると労役のないということが一つの特権にもなってくる。

しかも、令制の最初には画工司の長上画師でさえ無位であったのが、八世紀も半ばになると画業の功によって位階を授けられたものが少なくはない。楯万呂も、前述のように、東大寺・法華寺など官大寺の造営に参加したことによって、天平宝字二年（七五八）には少初位上《しょうそいのじょう》の肩書をつけ、同六年（七六二）の『労劇帳』では従《じゅ》八位下とあるから、四年の間に三階を進められているという出世ぶりである。五位以上を「貴」とよぶ令制で、初位や八位は有位者としては低いほうとはいうものの、位階を授けられているということはすでに特権階級である。令制によれば、半年ごとに上日一二〇日以上ならば、禄《ろく》として少初位は絁《あしぎぬ》一匹・綿一屯・布二端・鍬《くわ》五口、大初位はそれに鍬五口が加わり、従八位の場合はさらに布が三端と増加する。造東大寺司は令外《りょうげ》ではあるが官司であり、楯万呂の上日はわかっているかぎりではかなり多いから、その位階に応じての禄を年二回受けたはずである。布帛や綿（真綿）はもとより、鉄製の農機具は当時まだ貴重であり、自家の用にあてるばかりではなく、食料や生活用品との交換物資として重要なものであった。

この他、写経所においては、楯万呂の参加した場合の具体的な品目や量は不明だが、前章で説明したように作業衣が与えられ、上日の時には食料が支給されたにちがいない。造石山院所では、画師・経師のそれぞれに、湯帳一条・冠布一条・巾《きん》（てぬぐい）一条・汗衫《かざみ》（じゅばん）一領・褌《はかま》一腰・袍《ほう》（表衣）一領・袜《まつ》（たび）一足・帯一条が支給されている。食料は写経所より種類が少なく、米・塩だけで、七月六日から二十七日までの二二日間に、彩色所に米一石一斗三升二合があてられている。一日平均約八升というところで、主要工人に一日二升、直丁などで一升二合から八合という数字があるから、司工・雇工各一、直丁三～五名と推定された彩色所の構成からいえばほぼ妥当である。そうなると、楯万呂は一日米二升を与えられたということだから、その一部を主食にあて、一部を副食物や塩以外の調味料との交換にあてたとしても、少しは残りがあったはずで、これも実質的には収入となったと考えられる。一日に五合あまれば二〇日では一斗になり、銅銭にして六〇文前後にはなる。

さらに、大仏殿の天井の彩色や法華寺金堂の彩色の場合のように、仕事の出来高に応じて功銭・功料が支払われているから、同程度の位階の下級官僚に比べれば、収入のわりはよかったというべきであろう。なおまた、天平宝字六年（七六二）七月二十五日に、考課のための『労劇帳』作成の資料としての上申書と考えられる「画師上楯万呂行事壱拾肆条」がある。これには石山院での本尊・脇侍・磯座の他に、「十条近坊小野大夫《おののたゆう》の所の行事」として、鞍骨八・鐙《あぶみ》七・帯一〇・経櫃《びつ》六・皮筥《かわばこ》八・銅杯二〇・障子二・飯槽四・机二・洗皮三に描いたことをあげている。これは『労劇帳』にはとりあげられず、考課の材料になったようすはないが、公的な仕事のあいまに貴族の私邸での作画需要に答えていることは注目される。もちろん、これにはは相応の報酬が与えられたにちがいない。

こうしてみると、楯万呂ぐらいの画工は、その社会的地位のわりに、どちらかというと経済的には恵まれていたというべきである。「正倉院文書」のなかで天平宝字四年（七六〇）ごろの『随求壇所銭用注文《ずいくだんしょ》』があり、造東大寺司のもとで修法のために設置された部署での収支を記している。そのなかで、僧への布施《ふせ》や雇夫への功賃などにあてる費用の一部について、「画師の宅より借り来たる銭二貫」と記している。この画師が楯万呂だというわけではないが、画師の一人が造東大寺司の一部署に銭二貫文を貸すだけの余裕をもっていたことになる。これは画工の経済生活が比較的よかったことを裏づけるものとなろう。

7　官司工房の解体

造東大寺司の廃止

天王貴平知百年

八世紀の日本を代表する天平の年号は、第五章でふれたとおり、神亀六年（七二九）に「天王貴平知百年」の文字の背に現われた亀が献ぜられたことによる。これからしばらく天平の文字は年号を飾る。天平二十一年（七四九）、例の大仏鋳造に際しての陸奥の貢金を賀して天平感宝とし、まもなく天平勝宝とする。そして、その九年（七五七）三月、皇居寝殿《しんでん》の梁上に「天下太平」の四文字が出現したというので、八月に天平宝字と改められる。さらにその九年（七六五）一月に天平神護と改元され、同三年（七六七）には五色の瑞雲が見えたことから神護景雲と号し、神護景雲四年（七七〇）八月、称徳女帝の死の翌日に肥後国で白い亀を得たので、十月に即位した白壁王《しらかべ》（光仁天皇）は宝亀と年号を定め

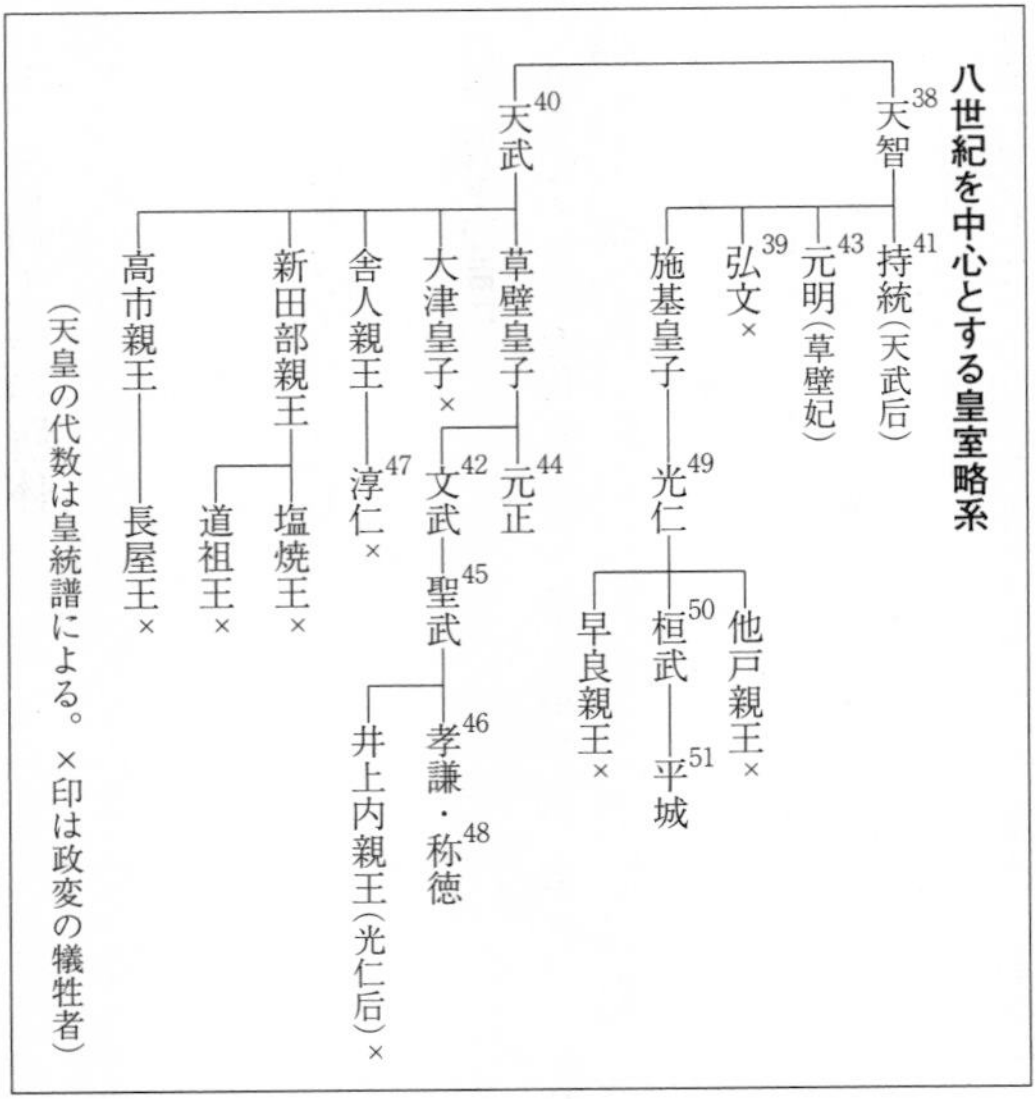

八世紀を中心とする皇室略系

ている。天平の世はまさに霊亀の出現に始まり、霊亀の出現に終わった感があるが、その間には大きな落差がある。

天平の初めも、長屋王が謀反の疑いを受けて殺され、政局に不安の色の出てきた時であり、それ故に「天王貴平知百年」を象徴し、保証するものとしての大仏が造営され、そのことがまたあらたな政治抗争を生んだことはすでに述べたところである。

しかし、なんといっても大仏の鋳造・東大寺の造建は、政治的にも文化的にも日本の古代国家の到達したところを示しているといえる。しかも、考えてみれば、恭仁京・紫香楽宮からふたたび奈良への還宮とあわただしい遷都によって、いったん解体した平城京の都城の再整備の行なわれるなかでの大事業であり、並行して法華寺や西大寺などの大寺の造営も着手されている。貴族たちが「咲く花の匂うがごとくいまさかりなり」と誇り、「天地《あめつち》の栄ゆる時に会えらく思えば」と歌ったとおり、たしかに「天王貴平」の聖代と意識されたのである。

ところが、天平宝字への改元は、三月に吉兆がありながら、「あだしきことまじらえば」という理由で、実現は八月に延期されている。それは、三月末に皇太子道祖《ふなど》王が素行不良として廃せられ、四月初め激論の末に藤原仲麻呂の推す大炊《おおい》王（淳仁天皇）が皇太子に立ち、七月、それに不満な橘《たちばなのな》奈良麻呂《らまろ》らの反乱が告発され、奈良麻呂の死とともに皇族の何人かと大伴・多治比《たじひ》の人々が退けられたのである。この時、奈良麻呂は謀反の理由を問われて、東大寺の造営による人民の辛苦を挙げ、造寺は父諸兄《もろえ》の始めたことではないかとなじられて屈伏したという。ここにも東大寺造営がすでに暗い影を落とし、「天下太平」の文字はいかにもしらじらしい。

まして天平神護となると、事態はさらに暗い。かつて孝謙女帝の信任を受けていた藤原仲麻呂は、自己の推した大炊王を即位させ、恵美押勝《えみのおしかつ》と称して前例のない太師《たいし》と改号した太政大臣となり、権勢を専らにしていたが、天平宝字八年（七六四）九月、あらたに僧道鏡を側近として権力を奪還しようとした孝謙上皇によって攻め滅ぼされ、淳仁天皇も淡路に幽閉された。天平神護とは、復位して後に称徳天皇とよばれる孝謙女帝が、賊臣を神霊の加護で討つことができたというので、翌年一月に定めた年号である。これ以後、出家の天皇には出家の大臣がふさわしいと、道鏡は大臣禅師《ぜんじ》、つづいて太政大臣禅師となり、同二年（七六六）十月には法王と称し、政権の中枢を僧侶が占めるにいたっている。神護景雲への改元は、この政情のなかで演出された瑞祥である。

だが、この独身の女帝は後継者を定めることなく、神護景雲四年（七七〇）八月四日にこの世を去り、すでに六二歳で誰も皇位を継ぐとは考えてもいなかった天智天皇の孫の白《しら》壁《かべ》王が、先帝の妹井上内親王《いがみのないしんのう》を妻としていたこともあって、百川《ももかわ》ら藤原一族に支えられて即位した。これが光仁天皇で、やがて都を長岡へ、さらに平安京へと移した桓武天皇の父にあたる。光仁天皇は位につくとただちに道鏡ら僧徒を政界から追放して改革の方向を示し、十月には宝亀と改元したが、称徳女帝の死の翌日に肥後国でめでたい白亀が発見されたことを理由にしているのは皮肉である。その上、亀の甲にはもう天平の栄光をたたえる文字はない。それどころか、宝亀三年（七七二）、天平の君主であり、大仏鋳造の発願者であった聖武天皇の娘にあたる皇后井上内親王を、ひそかに夫を呪咀《じゅそ》させた罪で廃し、その生んだ皇太子他戸《おさべ》親王をも退けた。つづいて母子は庶人《しょじん》として幽閉され、同六年（七七五）に日を同じくして死んだため、世間には毒殺のうわさが流れた。これにかわって皇太子となったのが、他戸の異母兄で、百済系といわれる高野新笠《たかののにいかさ》の生んだ山部《やまべ》親王、後の桓武天皇である。こうしてみると、桓武天皇は血縁の上でも〝天平〟と断絶したところでその治世を開いたのである。

平城から平安へ

桓武天皇が即位してからちょうど三年、延暦三年（七八四）五月、中納言《ちゅうなごん》藤原小黒麻呂《おぐろまろ》、同藤原種継《たねつぐ》、左大弁《さだいべん》佐伯今毛人《さへきのいまえみし》らを派遣して、山城国乙訓《おとくに》郡長岡《ながおか》村（いま長岡京市）の地形を調査させた。長岡の地は、北と西は丹波山塊につらなる丘陵の台縁部で、東に桂川、南に宇治川が流れ、南東にはかつて巨椋《おぐら》池がひろがっていたが、北高南低のほぼ低平の地であり、南西に山崎の津をひかえ、瀬戸内海から淀川をさかのぼる水運の便もある。そこで、同六月、種継・今毛人ら一〇人の貴族を造長岡宮使に任じて早くも都城の経営を始め、高位の貴族や後宮の女性に新邸建造の費を与え、宮殿造営のために宅地を失う百姓には正税四万三千余束を補償にあてるなど、工事の促進を計っている。そして、都城全体としては完成半ばだったと考えられるが、十一月に天皇は長岡に移り、翌年（七八五）正月の儀式は新京の大極殿で行なっている。

平城京の場合、和銅一年（七〇八）二月に新京造営の詔があって、九月に造京司が任命され、遷都が同三年（七一〇）四月のことだったのを思えば、その工事の早さは驚くべきものがある。このあまりの早さと、後述するように長岡京が一〇年しか寿命のなかったことから、宮殿の規模がととのわなかったのではないかという疑いもあった。しかし、発掘調査の結果、ほぼその全貌が明らかとなり、大極殿を中心とする朝堂院は、出土瓦の研究から、聖武天皇の時の難波京の殿舎を解体移築することで、早急な遷都を可能にしたことが判明した。かつて造東大寺司の次官・長官を歴任した佐伯今毛人や、当時造東大寺次官であった文室忍坂麻呂《ふんやのおしさかまろ》を造宮使に加えていることにも、大工事の経験を活かして造営を進めようとした意図がうかがえる。それだけ桓武天皇は平城京から早く離脱することを願ったのだろう。

ところが、同四年（七八五）九月、一大事件が突発して、新都の事業は障害を受けた。前月の末、伊勢の斎宮《さいぐう》に選ばれた朝原内親王《あさはらないしんのう》の発向を見送るため、天皇が平城の旧京に出かけたるすに、日が暮れてから都城の工事を見廻っていた藤原種継が、何者かに射殺されたのである。種継は藤原宇合《うまかい》の孫で、光仁天皇の即位を助け、桓武の立太子を画策したといわれる百川のおいにあたる。母が秦氏の出で、乙訓郡に分布していた秦氏の助けを借りて長岡京の遷都を推進したといわれるが、新京の立案者であり、造営の責任者であっただけにその影響は小さくない。

しかも、問題は思わぬ方向に展開した。急拠帰還した天皇の厳命で犯人を追及したところ、左少弁大伴継人《つぎと》ら大伴の一族が中心で、この直前に病死した『万葉集』の歌人として有名な家持も策謀に加わったという。党与は捕えられて死刑・流罪《るざい》となり、家持の墓も破却されたが、その背後に皇太弟早良《さわら》親王が浮かんできた。桓武天皇は即位にあたって父の意をくんで弟の早良を後継者としたが、その本心は自分の実子安殿《あて》親王（平城天皇）にある。早良の陰謀への加担の事実の有無は確かめようもないが、とにかくただちに皇太子の座を追われ、憂悶のうちに餓死したという。かわって皇太子となった安殿の多病は、早良の祟りと信ぜられるようになり、このことは桓武天皇にとっても重荷とならざるをえない。廃位以後の早良についての記事を正史に欠くのも、後に天皇が祟りをおそれて削除させたためと考えられる。

もちろん、この間にも長岡京の造営は、一方でこの治世に強行された武力による東北開拓とあいまって、間断なく継続されている。しかし、中心人物であった種継の死と、それにつづく翌五年（七八六）に今毛人が大宰帥《だざいのそつ》に転じたことは、その進行の速度をにぶらせたようである。五年七月に太政官庁は成ったが、七年（七八八）には詔して「宮室未だ就《な》らず、興作稍《やや》多し」といい、八年（七八九）八月に、造宮の官人・工人に叙位・賜物のあったことからみると、いちおうの完成を見たのかと思うが、同十年(七九一)にいたっても、平城宮の諸門を長岡に移築させているといった情況である。その上、早良・種継の暗い思い出が、天皇に新しい土地での再出発を決意させたのかも知れない。同十二年(七九三)一月、しばしば遊猟などで訪れていた山城国葛野《かどの》の地への遷都を宣言し、翌十三年(七九四)十月、工事の進行中である新京に移って、これを平安京と名づけた。ここに平安京の時代が始まる。

造東大寺司を廃す

こうして桓武天皇は地縁的にも天平の栄光を担う奈良とは絶縁した。だいたい、父の光仁天皇の即位そのものが、出家していた称徳女帝のもとで、太政大臣禅師・法《ほう》納《な》言《ごん》・法参《ほうさん》議《ぎ》などと、国家を護持する仏教という範囲をこえて、仏教勢力が政権を掌握しかけたことに、藤原一族を中心とする官僚貴族がまき返しを計ったものである。桓武天皇の政治は、その延長上で律令制を再建することにあった。そのためにも、京の内外に諸大寺が多く、仏教勢力とかたく結びついている奈良の地を離れる必要があったのである。もっとも、桓武天皇は仏教そのものを否定したわけではない。天皇自身が近江に梵釈寺《ぼんしやくじ》(遺址不明)を建てさせ、皇太后・皇后の重病の時には誦経供養をさせているし、後年最澄《さいちょう》を唐に送ったりもしている。問題は、これまで手厚い保護を受けて広大な寺領を有し、その財力を背景に政界にまで圧力をかけてくる官大寺なのである。

桓武天皇は大寺院の財政・機構の抑制・削減をしだいに進めていく。まだ平城京にあった延暦一年(七八二)、増加重複の傾向にあった官司の整理に着手し、造官(設置不明、平城造営時か)・勅旨(設置不明、孝謙・称徳代か)の二省と、文武三年(六九九)に始めて置きながら令制にふくまれなかった鋳銭司《じゆせんし》とともに、造法華寺司を廃止している。これは、天平の仏教文化を一側面から支え、その象徴的な存在とさえなっている光明皇后ゆかりの寺院であり、総国分尼寺として東大寺とならぶ官大寺を、これ以上は拡充する意志のないことを示したものである。さらに同二年(七八三)、私出挙《しすいこ》(私人の高利貸)が宅地を担保にすることを禁じ、そのなかで寺院の不当な出挙をきびしくいましめている。当時の出挙は一〇割までの利息が公認されており、寺院が豊富な財物を出挙して、その利を経営にあてていたことは、『日本霊異記《にほんれいいき》』の奈良の商人が大安寺の銭を借りて地方に仕入れに行った話にも見えている。この禁令の成果はともかく、桓武天皇が寺院の経済活動を抑えようとしたことはわかる。

そして、長岡京もほぼ成った同八年(七八九)三月十六日の『続日本紀』の記事は、かんたんに、

「造東大寺司を廃す」

とのみ記している。たしかにこのころまでには東大寺の主要な堂塔・尊像の造営は終わっていたにはちがいない。大仏殿についても、像高九メートルの観音・虚空蔵《こくうぞう》の両脇侍菩薩、一一メートルに及ぶ四天王の大塑像群も完成し、宝亀二年（七七一）には、金銅の如来坐像五三〇軀をとりつけた高さ三三メートル余の大光背もできている。造東大寺司としては、大規模な人員を投入しなければならないほどの仕事は、もうなかったのかも知れない。だからこそ、造東大寺司次官を造長岡宮使とし、多数の木工・土工・石工・瓦工などを長岡京の造営に転用することができたのだろう。したがって、ここで造東大寺司が廃止されたとしてもそれほどふしぎとはいえないが、それにしてもあっけない終末であり、やはり東大寺切り捨ての感は免れない。

　貴族の任官の記録である『公卿補任《くぎょうぶにん》』によれば、延暦十四年（七九五）に紀梶長《きのかじなが》を「兼造東大寺長官」としているので、数年を経て復活したようにもみえるが、これはどうだろうか。古代の正史であるいわゆる六国史《りくこくし》のなかで、延暦十一年（七九二）からの『日本後紀』だけは不完全な写本しか残らず、この前後のところは大部分が欠失しており、『公卿補任』が整理編集されたのはかなり後代のことだろうから、この記事を全面的に信頼するわけにもいかない。この後、九世紀に入って造東大寺長官任命の記録はないし、斉衡二年

（八五五）に大仏の頭が落ちるという大事故があった時に修理東大寺司を置いているのは、すでに造東大寺司がなかったからだろう。

しかし、東大寺ほどの大寺院のことであるから、一通りの伽藍の建造が完了しても、その他の堂舎・僧房の建築、仏像・仏画・法具の制作の行なわれたのはもとより、それまでに造られたものの維持・修理だけでも、多大の労働力を必要としたのはいうまでもない。したがって、造東大寺司の廃止以後も、規模は縮小しながらも、なんらかの組織が木工・仏工・画工・漆工などの工人をかかえていたはずである。おそらく最初のうちは、遠隔地の作業所を整理し、造仏所・木工所・鋳所・写経所などは、縮小することで事業を継続したのだろう。九世紀後半には、造寺所に貴族の俗別当と、専当《せんとう》僧・知事僧を置いて統轄している。その後は、いつごろからどのように変化をしていったかは資料を欠くが、その工人の一部を平安京の政府工房やしだいに増加する民間工房に放出しつつも、一方で他の大寺に所属した工人を吸収して、仏工は仏所《ぶつしょ》、画工は絵所《えどころ》とよばれる、やや自立性を強めた工房を形成する方向をたどったことが考えられる。

画工司から画所へ

画工司の解体

光仁・桓武天皇の治世の目標が、前述のとおり、動揺しはじめた律令を根幹とする国家体制の補強にあったわけだが、それは必然的に律令制そのものの見直しを要求する。ことに、基盤となっている班田収授や租庸調制の矛盾に起因する収入体系の衰弱に加えて、長岡・平安両京の造営と東北遠征という浪費のために混乱した財政を再建するには、肥大化した官司の整理統合が一つの課題となる。桓武の後を継いだ平城天皇の大同年間（八〇六～九）を中心として、官司の統合改廃や人員の削減がしきりに行なわれたのはその結果である。政府所属の画工を統轄していた画工司が廃止されたのも、そのなかでのことである。

大同三年（八〇八）一月、詔して一一の司を廃止して他と合併することを発令したが、このなかで画工司は、大蔵省管下の漆部司《ぬりべ》とともに、同じ中務省管下にあった内匠寮に吸収されることになった。内匠寮（ウチノタクミノツカサ、後にタクミノツカサと略称）は、これ自体が本来は令制になかった官司で、神亀五年（七二八）木工寮と同様の規模として置かれたものである。ただ、頭《かみ》・助《すけ》・大少允《じよう》・大少属《さかん》・史生《ししよう》という事務官と、直丁・駈使丁などの雑役は規定されているが、木工寮とちがって工部・使部などの工人について記されていないため、初め何を主務としたのかよくわからない。当時はまだ平城京の都城や京内諸大寺の大がかりな造営に木工寮の工人が投入されていたのだろうから、内廷の小規模な工作のために設けられたのだろう。

それが大同の統合で拡大したために、その十月に工人の定員を長上工二〇人、番上工一〇〇人、使部一人と改め、長上工は従八位の官に相当し、番上工は白丁より取るが、場合によっては品部・雑戸を加えることもあるとしている。さらに、翌四年（八〇九）八月には、長上工を二三人と増員した上で、次のように細目を定めている。

長上廿三人

画師二人　細工二人　金銀工二人　玉石帯工二人

銅鉄二人　鋳工二人　造丹一人　屏風一人

漆塗二人　木工二人　轆轤《ろくろ》一人　埝《ねん》一人

番上一百人

画工十人　細工十人　金銀工十人　玉石帯工四人

銅鉄工十三人　鋳工四人　造丹工二人　造屏風工四人

漆塗工十人　木工廿人　轆轤工二人　埝工二人

革筥《はこ》工四人　　黒葛《つづら》筥二人　　柳箱《やないばこ》工四人

このうち、玉石帯というのは玉や貴石を縫いつけた高位の貴族の礼装用の革帯であり、造丹は絵具の製造、埝は塑造で粘土細工を意味する。こうしてみると、このころの内匠寮は宮廷内の調度品の制作にあたっていたとみることができる。前年の規定で長上・番上の身分はあっても、業種による工人の地位の上下の差はないようだが、ここで画工が筆頭に記されているのは、前代にも造丹工などより上位に置かれていたこととあわせて、雑工のなかでは優位に立っていたのだろうか。それにしても、画師二人・画工一〇人という人数は、画工司時代の画師四人・画部六〇人という定員に比べると、かなり思い切った削減である。経費節減・機構簡素化という大目標からいえば、当然のことのようだが、それほど政府の作画需要が少なくなっていたのだろうか。たしかに遷都以後一五年を経て平安京の造営も一段落してはいるし、造東大寺司を廃止しているくらいだから、奈良の諸大寺での作画活動も従前のようなものではない。それに、内匠寮での制作が屏風などの調度品の絵画や図案ていどを中心としていたとすれば、これくらいの人員でもこと足りたのかも知れない。

だが、角度を変えて見れば、旧画工司系の政府工房にのみ画工を集中しておかなくてもよくなってきたのだろう。すでに例をあげて明らかにしたとおり、画工を提供しうる地盤は、かなり広く厚くなってきている。東大寺造営のような大事業は、その地盤から絶えず大量の画工を吸いあげて画技を養成する機会ともなり、造東大寺司の廃止によって、そのような習熟した画工が放出されていったことになる。いまその形跡をたどることはできないが、奈良や平安京において、貴族や寺院の作画需要に応ずる民間工房の形成されていった可能性もある。また、その一方で、絵画が雑工の技術というだけでなく、格調ある芸能として認められてきたようである。それには、唐で絵画が貴族知識人の趣味となっていたことの影響もあろう。また、画工の社会的地位が向上し、貴族吏僚の仲間入りをしたことも作用しているだろう。さらに、僧侶のなかにみずから仏画を描くものが現われてきたことも加えられる。いわばかつて画工を生み出した家以外にも画技に長じたものが多くなり、政府工房で常時かかえこんでおく必要がうすれたのではなかろうか。

名手百済河成

『文徳実録《もんとく》』の仁寿三年（八五三）八月二十二日の条に、「散位《さんい》（無官）従五位下百済《くだらの》朝臣河成《あそんかわなり》」の死を報じ、次のような略伝を記している。河成は本姓は余《よ》で、後に百済と改めた。武術に長じて強弓を引き、大同三年（八〇八）に左近衛《さこのえ》に任ぜられたが、図画を善くしたので、しばしば宮中に召し出された。写すところの歴史上の人物や山水草木など、皆生き生きとしていた。むかし宮中にあって、ある人に従者をよばせたところ、その人が顔を知らないといってことわった。河成は紙を取ると即座にその姿を写して渡したので、その人は従者をさがすことができた。これほど画技がたくみだったので、いま絵画を語るものは、皆河成を手本としている。弘仁十四年（八二三）美作権少目《みまさかのごんのしょうさかん》に任じ、天長十年（八三三）外従五位下を授けられ、しだいに昇進して、承和年中（八三四―八四七）に備中介《びっちゅうのすけ》、つづいて播磨介《はりまのすけ》となったので、時の人はこれを名誉なこととした。没年は七二歳である。

余の家は、百済の王族を称していた移住者系で、一部はすでに八世紀半ばに百済朝臣と改められているのに、河成の改姓は承和七年（八四〇）というから、分家筋なのだろう。名実ともに貴族といえる五位にはなっているが、大国の介（次官）に任ぜられたのを栄誉としているくらいだから、家格はあまり高いとはいえない。後世にはその名人芸がいくつかの伝説をさえ生み、当時においても「今の画を言う者、みな則《そく》を取る」というほどの名手として、作画のためにしばしば宮中に召されたというが、河成はもともと左近衛府の武官であって、内匠寮の画工ではない。平安新京になってから、天皇の常の御殿である清涼殿《せいりょうでん》の壁面には、仙境の風景をまじえた唐風の山水が描かれていたといい、宮廷における障壁を絵画で飾ることが行なわれていたようである。内匠寮も屏風制作などにあたっているから、その画工が宮廷障壁画を描いたとしてもふしぎはないのだが、それに関する記録が何もなく、かえってそれ以外にこういう名人の出たことを伝えているのはおもしろい。

しかも、いったんこういう名人が出ると、子孫も画業を伝習するようになるらしい。河成の死後三〇年ほどして、ということは、河成の没年七二歳から考えて、多分孫にあたるのだろうが、百済常良《つねよし》の名が見える。元慶《がんぎょう》六年（八八二）のことだが、七月に行なう相撲《すまい》の節会《せちえ》の時、左方に飾る山の意匠を「画師備前少目《びぜんのしょうさかん》百済常良」が制作するはずだったのに、落馬して腕を折ったためにできなかった、ということが、菅原道真《みちざね》の『左相撲司標《ひだりのすまいのつかさのひょう》所記《しょのき》』に記されている。ここで「画師」といっているから、画工として活動していたのにはちがいない。ところが、この常良の場合も、「備前少目」とあって、内匠寮の画工とは記されていない。大国の少目は従八位下の相当官で、内匠寮の長上画師も八位であるから、身分が高いので内匠寮の画師というあつかいはできなかったのでもなさそうである。そうなると、この「画師」というのは何だろう。

それについては、この少し後の仁和二年（八八六）九月、「画所《えどころ》」で犬の死体が見つかり、その穢《けが》れのために伊勢への奉幣使進発が中止された、という『三代実録』の記事が注目される。そしてさらに、一〇世紀半ばのものではあるが、西宮《にしのみや》左大臣 源 高明《みなもとのたかあきら》が編集した宮廷儀礼の参考書『西宮記《さいぐうき》』に、

「画所、式乾《しきけん》門内の東腋《わき》、御《ご》書所《しょどころ》の南に在り、別当五位蔵人、預《あずかり》、及び分内豎《ぶんないじゅ》あり、熟食《じゅくしょく》、
もと内匠寮雑工なり」

と記されている。これをあわせて考えると、九世紀の後半には画工はすでに内匠寮には所属せず、画所とよぶ独自の組織をもっていたことになる。百済常良も、形式上は備前少目の官にあっても、実質的にはこの画所の画師として活動していたのではあるまいか。

画所というもの

じつは九世紀に入って、律令官司の削減縮小が実施される一方、それと矛盾するようだが、新しい機構をつぎつぎと設置することで、時勢に対応しなければならなくなっている。本来『職員令《しきいんりょう》』に規定されていない令外官《りょうげのかん》は、すでに八世紀にも出現してはいるわけで、内匠寮がそうだし、高位の官でいえば中納言や参議がそうである。造東大寺司も、またそれといえる。しかし、これらは実情に合わせて律令官司を補強するものとなったが、九世紀に入ってからの令外官は、無力化しつつあった律令官司に代替し、いっそうそれを空洞化するものとなっている。そのなかで、蔵人所《くろうどどころ》・内侍《ないし》所《どころ》・造《つく》（作）物《も》所《どころ》・楽所《がくそ》などと「所」のつく機構が多く、画所もその一つといえる。

ただ、この種の所を称する新設の機構は、蔵人所を除いては起源は明らかではなく、そ

の性格も、旧来の律令官司との関係も一様ではない。たとえば、令外官の代表とされる蔵人所は、まったく新しい官制である。これは、平城上皇と敵対関係に入った嵯峨《さが》天皇が、弘仁一年（八一〇）に機密の保持と命令伝達の敏速化を計って側近に集めた秘書官房である。蔵人というのは、もと令制以前の国庫の出納事務官の称であったが、やがて宮廷の図書を納める校書殿文蔵《きょうしょでんふみくら》の官人の通称となり、ここでは天皇の文書をあつかうことでその名が転用されたらしい。

これに比べると、内侍所は、律令制の内侍司《ないしのつかさ》そのままに尚侍《ないしのかみ》（しょうじ）・典侍《ないしのすけ》（てんじ）・掌侍《ないしのじょう》（しょうじ）が任命され、その詰所であった温明殿《うんめいでん》内の内侍所が通称となっただけである。しかし、この名称の変化は職掌の変化とかかわる。令の規定では内侍は後宮女官の統制にあたるが、九世紀ごろから、もとは後宮の蔵司《くらのつかさ》の尚蔵《しょうぞう》が管掌していた皇位の象徴である鏡・剣をあずかることになり、その一方で尚侍や典侍が女御《にょうご》と同じく後宮の一部を形成するようにもなっている。内侍所の名でよばれるようになったのは、温明殿に詰所をおいて鏡・剣を奉斎することを主な任務としたからである。

画所は、おそらく大嘗会や相撲節会などの儀式の装飾や、宮中の法会の曼荼羅《まんだら》や本尊の制作にあたって、臨時に設置された作業所が常設化したのだろう。ただ、画所よりはおくれて一〇世紀半ばに成立した楽所の場合、令制の雅楽寮《うたまいのつかさ》とは別個に併置されたのに比して、画所は『西宮記』に「もと内匠寮雑工」とあるように内匠寮の画工を吸収してしまったのだろう。令外官は、ふつう蔵人の例にみるごとく、令制上の官職を帯びている者が兼務するという形式をとる。百済常良が備前少目であったのは、その形式をふんだものとみることができる。『西宮記』にみえる職員のうち、長官である別当は五位の蔵人の一人が兼ねることになっており、預は、後世には主任画工の称になっているが、初めは総務をあずかる事務官で、八位以下の最下位の官人の任であったらしい。内豎は令制の使部に相当し、有位者の子弟を官庁の雑用にあてたもので、なかには助手を勤めたものもいるかも知れないが、正規の画工ではない。

そこで問題になるのは「墨書」である。これは文字どおりにとらえれば、墨で書くことであり、作画の一過程にすぎない。そこで、かつては預の担当した作画の過程とする読み方もあったが、預と内豎の間にあって分注形式にはなっていないから、これも一つの役職と見るほうがいい。しかも、『西宮記』の別の条に、

「ただし、墨書の事は、かれこれ競望あれば、まず試み給ひて後に定め補す」

とあり、『源氏物語』の「帚木《ははきぎ》」の巻に、

「画所に上手多かれど、墨書に選ばれて」

とあって、画工のうちでもすぐれた者を選任したのだから、「墨書」とは主任画工の称と

いうことになる。そして、この名称は、主任画工が下絵、下書の骨描、描き起こしの墨線を主要な仕事としたことを示している。

そうなると、彩色などは、『西宮記』にはその構成員として記されていないが、墨書の配下にある画工たちによって行なわれたのだろう。一一世紀の資料によると、墨書の他に淡《たん》・作り絵とよぶ分担があり、彩色も淡彩と濃彩を下級の画工が手分けしてほどこしている上、丹調《につくり》（童という文字をつけたのがあるので、おそらく見習いの少年）が絵具調整にあたっている。また、内匠寮の屏風工の系譜だろうか、張手《はりて》とよばれる表具師も画所に属していたようである。この人員構成は九世紀後半の画所の成立期までさかのぼらせてもほぼ誤りはあるまいが、規模の大小はともかくとして、徒弟関係で結ばれた民間の画師の工房と同様であったと考えられることは注意しなければならない。それは画所が政府の工房とはいいながら、すでに私的な色彩を濃くし、実質的には画工の官司工房の解体していることを示している。

終章　自立する画工たち

唐と倭・公と私

九世紀から一〇世紀にかけて、よく〝唐風〟文化から〝国風〟文化へ、ということがいわれる。この表現の当否はともかくとして、このあたりで日本の文化全般の流れが大きく変化していることはたしかである。絵画もまたその例外ではない。七〜八世紀にあの華麗な隋・唐の文化を移入・吸収することに多大の努力を払ってきた日本は、このころからその消化の上でみずからの文化を形成する方向を明らかにしている。その典型的な例はかな文字の誕生であろう。古代国家の形成にあたって記録の必要を生じた日本の貴族は、東アジアの他の諸民族の多くと同様、すでに完成していた中国の文字＝漢字を借用し、漢文体で文章を記した。しかし、漢文で書くということは、ことばを変えれば日本語とはまったく語法の違う中国語に翻訳することであり、それには多大の制約がともなう。そこで日本語をそのまま表記できる手段を求めての長い苦闘の末、表音文字として使った漢字を書きくずして簡略化したひらがなを創出したのである。このことは日本の精神文化に一つの転機をもたらしたものであるが、直接には和歌・物語などの文学の隆盛をみちびき、やがてはそれらの文学の視覚的表現としての絵画に新生面を開いている。

平安新京の内裏《だいり》の天皇が日常起居する清涼殿の壁には、神仙の住む唐風の山水が描かれていたといい、九世紀に天皇の命令で編集された漢詩文集『経国集《けいこくしゅう》』に、この絵を題として貴族たちの詠じた漢詩が収録されている。また、九世紀末の学者であって右大臣にまでなった菅原道真は、讃岐の旅舎の屏風に描かれていた仙人の弾琴や採薬の絵に漢詩を賦している。この例に見るように、このころまでの宮廷や貴族の邸宅の壁面や屏風には、のちに唐絵《からえ》の名でよばれる中国風の山水・人物、歴史故事を描き、それに漢詩を題するというまさに〝唐風〟の趣味があふれていた。ところが、一〇世紀の初め、勅撰の和歌集としては最初の『古今《こきん》和歌集』に、屏風の絵に書きそえた和歌が何首か出てくる。いうまでもなく、そこに描かれた絵の題材は四季おりおりの日本の風物である。残念なことに、そのころの屏風は一つも現存していないが、紀貫之《きのつらゆき》や伊勢《いせ》などの当時の歌人の家集には、屏風絵にそえた和歌が数多くあり、そこには吉野の桜や龍田の紅葉などの平安貴族がよろこんだ名所をはじめ、若菜摘《つ》み・七夕《たなばた》などの季節的な行事、花や月によせての男女の姿などがよみこまれている。

唐絵に対して倭絵《やまとえ》とよばれるこの種の風物画は、主題の変化に即応して、当然のことながら絵画としての様式も、漢詩と和歌ほどにちがってくる。漢詩のばあいも、日本人の作品である以上、日本化の傾向があり、ときとしては日本語で読みくだすことを意図したものまであることは否定しないが、規範としたのは漢・魏・隋・唐の詩文であって、それに近づくことを理想としている。唐絵は、漢詩文が発想や修辞を中国に学んだのと同じく、文字どおり唐の絵画を直写したものであり、主題が中国風の山水や神仙であったばかりでなく、筆法・賦彩も唐の画風の主流を占めた技法によっている。しかし、和歌で表現されるような日本の風物を描くことが求められると、唐絵の手法はそぐわないものとなってくる。するどい筆線と墨のくまどり、輪郭をしだいに濃く色どる暈繝《うんげん》や明色による強調など唐絵の重厚な技法は、広漠とした大地にそそり立ち、草も木も少なく、長い間に浸蝕された荒い岩肌をさらしている山容を描くにはふさわしい。だが、京都や奈良をとり囲む木々の緑に蔽われたなだらかな山を描くのには、いささか強すぎる。そこに、濃い色彩を塗りかさね、細いやわらかな墨の輪郭線のみで仕上げる倭絵が登場する。

敦煌の莫高窟の『法華経変』を描いた盛唐の壁画のうちに、緑青《ろくしょう》・白緑《びゃくろく》・白群《びゃくぐん》（淡青）・

岱赭《たいしゃ》（茶）をほとんど輪郭線が没するまでに塗りかさねて、なだらかに連なる山波やその間を流れる川水を描き、朱や緑青で竹木や草花を点じた、いわゆる唐絵とはかなりことなる様式の風景描写を見ることができる。したがって、倭絵の技法が日本でまったく独自に開発されたというのではないにしても、日本の風土や和歌の情趣を写しとるのに適した技法が選び出され、それをいっそう練りあげたというべきなのだろう。やがて日本の画扇や屛風が中国に輸出され、その絵画が細密で愛すべく、設色の美しいのが嘆賞されるようにもなる。

そして、さらに問題となるのは、和歌集が勅撰の集となり、和歌をともなう倭絵が宮廷の公式の場を飾るようになったことである。律令をはじめとする政治・制度をすべて中国にならおうとした古代日本は、大極殿《だいこくでん》など公式の殿舎は唐風の建築、文武百官の朝服も唐風の衣冠、公文書もほとんどが漢文体と、公的な生活様式はことごとく唐風で蔽われていた。もっとも、天皇の居住する内裏の殿舎は白木《しらき》高床の伝統をふまえており、天皇のことばを伝える宣命《せんみょう》は漢字で表記されたといっても和文であるなど、私的な要素をふくむ部分は、当然ながら〝唐〟にはなりきれなかった。それが、一〇世紀に近づくころから、この私的な部分がしだいに表面に現われ、公的なものにとってかわるようにもなったのである。大極殿を中心とする朝堂院で行なわれていた朝儀が、内裏の正殿である紫宸《ししん》殿やその正門である建礼門前で挙行されるようになり、公式の衣装も、男子の衣冠束帯や女子のいわゆる十二単衣《ひとえ》などの日本化したものになってくる。もともとは私人の情感をうたうものであった和歌が、『古今集』以後、漢詩文集にかわって公のものとして勅撰されるようになったのもその現われである。そのなかで、倭絵も、宮廷や貴族の邸宅で多用されるようになった障子(ふすま)や屏風に描かれて、公的な儀式も行なわれる場を飾るようになったのである。

新しい画工の誕生

このような絵画のはたらきや様式の変化は、必然的にその制作にたずさわる画工の性格をも変えていく。かつては半ば隷属民としてあつかわれていた画工が、八世紀も半ばすぎると、画業の功でもって官位を授けられるものも出てきて、社会的地位はやや向上をみていたわけだが、絵画が公的な場を飾ることが多くなり、画工が宮中にしばしば参入するようになるにつれて、その傾向はいっそう推進された。前章で述べたとおり、一〇世紀になっても画所の画工はもと「内匠寮の雑工なり」とされ、大きくいえば雑工として一括されたことにはかわりがなかったのだろうが、主任となる画師は中級官僚と肩を並べる地位が与えられている。また、工人とは本来かかわりのない貴族官僚の家からも画工として名を成すものが現われ、仏画制作にあたっても、会理僧都《えりそうず》のような高僧で画技に熟達したものが伝えられている。それだけ絵画というもの、画工というものの位置が高くなったといえる。

しかも、ここでも私的なものが公的なものにとってかわる動きが示される。すでに述べたごとく、政府の設置した画所というものが法で定められた官制の中にはなく、何かの行事に際して臨時に置かれたものが恒常化したか、あるいは画工の詰所が工房化したかと見える名称であり、それ自体が公的な性格を後退させている。そのなかで政府・宮廷での作画ばかりでなく、貴族の邸宅の障子・屏風や扇の絵をはじめ、かな文字によって発達した物語のさし絵、しだいに華美になってきた調度や衣服の図案下絵など、私的な作画需要は急激に増大していく。また、仏画にしても、官大寺の造営は停滞したが、それにかわって貴族の私寺・私堂がしきりに建立され、その壁・柱・扉などの絵画や、そこでの法会《ほうえ》・供養のための本尊・曼荼羅《まんだら》と、むしろ制作の機会は多くなっている。そうなると、政府所属の画所の画工だけでは応じきれまい。かつて画工司や造東大寺司で育成された画工の一部が、官司の解体によって民間に放出され、私の工房を形成してその技術を伝承し、貴族官僚のなかからも画技を養ってその仲間入りをするものがあったことはさきに述べたが、この民間工房の画工の活動が作画需要に答えたのだろう。

こうしていくつかの民間工房ができたとすれば、当然その間に競争が行なわれ、そのために技能のくふうや練磨が進んだことが考えられる。ことに、前節でも記したように、新しい文化の展開のなかでは絵画にも新しい技法が求められている。旧来の官司工房から解き放たれた民間工房の画工のほうが、こういうことになると制約化した伝統がないだけに、いちはやく新しい様式を生みだすことができたのではなかろうか。やや後の物語のなかでも、貴族が進物用の扇を調製させるのに、画所ではとかく粗雑になるからというので、画工を選んで作らせるという話が出てくる。競争のきびしい民間工房の画工のほうが、それだけ顧客の意をくんでより美しい絵を描こうと努力したのだろう。事実、絵画を制作させようとする注文主は、この話のように適当な画工を選んでいる。ときとしては、複数の工房から下絵と費用の見積書を提出させて、そこから選択している場合もある。これでは作画に生活をかけている民間工房の画工としては、それぞれがその技能を磨かざるをえない。そのなかで、一〇世紀以降の繊細美麗で、絵画の本家の中国においてさえ「外蕃の巧芸天工を奪う」と嘆賞された倭絵が育てられたわけである。

かれらの工房の組織は、私的な師弟関係で維持されており、制作にあたっては、工房を経営する師匠が構図の決定や重要な部分の仕上げの筆をとり、弟子たちが下塗りや彩色を分担し、見習いの少年が絵具の調製をしたことは、画所の主任である墨書と配下の画工の関係と同様であったろう。というより、前章でも指摘したことだが、この民間工房の形態が政府の画所にもとりいれられたのだろう。そして、いったんこのような私的な工房が形成され、師資相承といった形式で技術の伝習が行なわれるようになると、当然のことながら工房の父子相伝といった中世的な方向をたどることになる。年季を入れての技術研修が必要なばかりでなく、下絵・手本の類が一つの財産として継承されることになるから、工房主にとっては子どもが跡を継いでくれることがもっとも望ましい。そうでなければ一番すぐれた弟子を選んで養子とし、工房の後継者とする方法もとられたようである。多分に伝説的ではあるが、名人としてうたわれた巨勢《こせ》金岡《のかなおか》を祖とする「巨勢氏系図」が伝えられるのも、この情況を反映している。ここまでくれば、もう画工は古代国家の従属機関という性格をふりすてて、中世的な職人へという道を歩み出す。

参考文献

工房・工人の問題は未開拓の分野ともいえるので、まとまった研究書はあまりない。むしろ、本書の読者には、残されている当時の芸術作品を、できれば実物で見て、そのすばらしさを感じとってほしいし、またそうでなくても、最近、小学館・学研・集英社・講談社などがきそって美術全集を刊行しているので、関連する部分の図録を鑑賞して、解説や附載の論文を読んでいただくのがいい。手軽なものとしては、項目別に分冊になっている至文堂の「日本の美術」も便利だろう。その上で、部分的にでも重要な示唆のふくまれる専門書をあげておこう。

浅香年木『日本古代手工業史の研究』（法政大学出版局　昭和四六年）

古代の工人全般についての研究書としては唯一といっていい。当然、官司工房についても、造東大寺司についても概説されている。この問題を考える上では、まず基本的な参考文献である。

竹内理三『日本上代寺院経済史の研究』（大岡山書店　昭和九年）

古書なので入手困難だろう。部分的にはそれ以後の研究で増補修正されるだろうが、東大寺などの大寺の財政的基盤を追究したもので、その第一章が「造寺司の社会経済史的考察」である。また、小論でも利用したが、古代の物価対照表がつけられているのが便利である。

福山敏男『日本建築史研究』全二巻（墨水書房　昭和四三、四六年）
興福寺西金堂・法華寺・石山寺の造営について、正倉院文書からその経過・組織・財政などを具体的に復原した貴重な論文をふくむ。

家永三郎『上代倭絵全史　改訂版』（墨水書房　昭和四一年）
これは『上代倭絵年表』とともに、一二世紀ごろまでの日本の絵画の歴史を、主として文献記録から集大成した大著である。その一部に古代の画工についても、史料が整理されている。小論では細部に異をたてたところもあるが、基本資料として見落とすことができない。

荒木宏（著者代表）『技術者のみた　奈良と鎌倉の大仏』（有隣堂出版　昭和三四年）
大仏の鋳造工程や材料分析を科学技術史の立場から分析している点で興味深い。

この他に、学術雑誌の論文に注目すべきものはあるが、ここでは省略した。

略年表

年号		西暦	事項
雄略朝		五世紀	画部因斯羅我渡来すという。
欽明	一三	五五二	仏教公伝（五三八とも）。
崇峻	一	五八八	飛鳥（法興）寺建立。百済より寺工らとともに画工白加来る。
推古	一	五九三	聖徳太子が推古の摂政となる。
	一一	六〇三	楯・靫を作り、旗幟に描かせる。
	一二	六〇四	黄文画師・山背画師らを定む。
	一三	六〇五	飛鳥寺に丈六の銅仏とともに繡仏を造らせる。
	一五	六〇七	はじめて隋に遣使。
	一八	六一〇	高句麗の僧曇徴が紙・墨・絵具の製法を伝える。
	三〇	六二二	聖徳太子の死。追善のため「天寿国繡帳」を造る。
舒明	二	六三〇	遣唐使の始め。
大化	一	六四五	蘇我氏滅亡。いわゆる大化の改新。

白雉	四	六五三	僧旻の追善のため、狛堅部子麻呂ら仏像を描く。
天智	二	六六三	百済滅亡。このころ朝鮮半島よりの移住者多し。
	八	六六九	近江令の制定。
弘文	一	六七二	壬申の乱。
天武	一	六七三	飛鳥浄御原宮に移る。
持統	三	六八九	飛鳥浄御原令公布。画工の官制化進むか。
	八	六九四	藤原京に移る。
大宝	一	七〇一	大宝律令の制定。画工司の制度確立。
和銅	三	七一〇	平城京に移る。京の内外に諸大寺の造営さかん。
	四	七一一	現存の法隆寺完成。これ以前に金堂の壁画成る。
養老	二	七一八	養老律令制定（実施は七五六か）。
天平	六	七三四	興福寺西金堂の造営に画工秦牛養の名が見える。
	九	七三七	諸国に丈六の絵（繍？）仏を造らせる。
	一二	七四〇	藤原広嗣の乱。恭仁京に移る。
	一三	七四一	国分寺造立の詔。
	一四	七四二	近江紫香楽宮に大仏鋳造を発願。
	一五	七四三	大仏の骨柱を建て、天皇みずから綱を引く。

一七	七四五	都を平城に復し、大仏を平城京東山に造る。 造東大寺司を置き、工人を組織する。（この年か）
天平勝宝一	七四九	陸奥国より貢金。祝賀して改元。大仏の鋳造ほぼ終わる。宇佐八幡の神輿東大寺に入る。
三	七五一	大仏殿の建築終わる。
四	七五二	大仏開眼供養。「新羅王子」入貢して交易。
六	七五四	唐僧鑑真来朝。
八	七五六	聖武天皇の死により遺愛品を東大寺正倉院に納める。この年、画工上楯万呂ら東大寺荘園図を描く。
天平宝字一	七五七	大仏の鍍金終わる。
二	七五八	上楯万呂ら淳仁の大嘗会に奉仕。
三	七五九	このころまでに大仏殿の天井などに描く。
四	七六〇	法華寺阿弥陀浄土院の造営に画工能登男人ら参加。
六	七六二	近江石山院の造営。画工上楯万呂を派遣。
八	七六四	恵美押勝（藤原仲麻呂）の乱。
天平神護一	七六五	称徳復位、道鏡政治に参与。
宝亀一	七七〇	光仁即位、道鏡を追放。

	三	七七二	皇后井上内親王・皇太子他戸親王を廃す。
延暦	三	七八四	桓武、都を長岡京に移す。
	四	七八五	藤原種継の暗殺にかかわり、皇太子早良親王を廃す。
	八	七八九	造東大寺司を廃止。
	一三	七九四	平安京に移る。
大同	一	八〇六	空海唐より帰り、曼荼羅・図像などを多く伝える。
	三	八〇八	画工司を廃し、漆部司とともに内匠寮に併合。
	四	八〇九	内匠寮の画師二人・画工一〇人とする。
			このころ百済河成の画技が有名。

図版一覧

図1　『女史箴図』（大英博物館蔵）© The Trustees of the British Museum c/o DNPartcom
図2　飛鳥大仏（飛鳥寺蔵）、画像提供　永野鹿鳴荘
図3　隼人の楯（奈良文化財研究蔵）、画像提供　奈良文化財研究所
図4　『天寿国繡帳』部分（中宮寺蔵）、画像引用　奈良国立博物館『図録　糸のみほとけ―国宝　綴織當麻曼荼羅と繡仏―』（二〇一八年）
図5　『天寿国繡帳』銘文亀甲部分（中宮寺蔵）、画像引用　奈良国立博物館『図録　糸のみほとけ―国宝　綴織當麻曼荼羅と繡仏―』（二〇一八年）
図6　銅鏡背下絵図（正倉院宝物）、『続修別集』第四八巻収録
図7　不空羂索観音（東大寺法華堂蔵）、画像引用　杉山二郎『日本の美術　天平彫刻』（至文堂、一九六七年）
図8　金堂飛天図（法隆寺蔵）、画像引用　奈良国立博物館『図録　法隆寺―日本仏教美術の黎明―』（二〇〇四年）
図9　法隆寺金堂阿弥陀浄土図（焼損前）、画像提供　便利堂

解説

山岸公基

史料を丹念に収集整理して手控え（≠データベース）を構築した後、それをもとに論述する手法は、人文学の重要な一翼を形成する国史学（日本史学）において、もっともオーソドクスな研究手法の一つといってよい。しかし、データベース自体が研究成果として重視される平成以降と異なり、昭和までにあっては手控えが公刊・公開されることはきわめて稀で、著作の背後に整備された手控えの存在をひしひしと感じながら、そこから導かれる歴史的事象の骨格を読み取ることに努めるのが、大方の学徒（読者）の役回りであった。

著者武者小路穣氏がいかに充実した手控えを作成したうえで執筆に臨まれたかは、本書を読み進めれば自ずと明らかである。本書の復刊に当たって解説執筆を依頼された筆者は、人文学の末流を汲みながら武者小路氏に匹敵するようなデータベース作成を怠ってきたことを自覚しており、正直なところ忸怩たる思いがあった。ただ本書がきわめて包括的な内容であるだけに、教育社歴史新書の一冊として刊行された一九八一年から四〇年が経過した現在、学術の進展により修正・補足を必要とする部分が生じており、微瑕をあげつらうようだが、まずそのような補正箇所を指摘させていただきたい。

この四〇年間に、本書が主に扱う六～八世紀の芸術活動に関する史料の飛躍的増大といった劇的変化が起こったわけではなく、文献の扱いは著者の独壇場といってよい。ただ八世紀を考えるうえで根本的な史料である『続日本紀』は、一九八九年から二〇〇〇年の間に書下しと詳細な注釈を伴う岩波書店の『新日本古典文学大系』本（一～五及び索引・年表）が刊行され、本書出版時に比べ格段に活用しやすくなっている。本書「3　画師身分の成立」（本書八六頁）に引かれる『続日本紀』天平一七年（七四五）四月二五日条（「5　造東大寺司の画工」一四四頁でも再説される）は、『新日本古典文学大系』三の書下しでは「正六位上託陁真玉・養徳画師楯・戸弁麻呂・葛井連諸会・茨田宿禰枚麻呂・丹治間人宿禰和珥麻呂、正七位下国君麻呂に並に外従五位下を授く」とされている。『新日本古典文学大系』本では養徳画師楯・戸弁麻呂を二人の名とし、託陁真玉について同じ『続日本紀』養老五年（七二一）一月二七日条に唱歌師としてみえる記多（託多の誤写か）真玉と同一人とするのが本書と異なる。『新日本古典文学大系』が託陁真玉を大仏造立に関与した工人（官人）と考えず、唱歌師記多真玉と同一人とみなす背後には、四月二五日条の叙位は成選叙位で大仏造立関係者に限定されるものではない、との判断がある。

また「6　ある画工の軌跡」（本書一六九頁）で、上楯万呂の作画活動の一つに天平勝宝九年（七五七）三月の「大仏界御座花」をあげ、東大寺大仏蓮弁線刻画への関与を積極的に論じているが、原本には「大仏界御産花」とあり、「産」は「座」の誤写である可能性も留保されるものの、「産花」を「散華」の当て字とみる見解もあり確定しがたいことは留意される。なお「7　官司工房の解体」（本書一九四頁）で、『続日本紀』に延暦八年（七八九）「造東大寺司を廃す」とあるにもかかわらず、『公卿補任』延暦一四年（七九五）条で紀梶長（＝勝長）を「兼造東大寺長官」と記載することを問題視しているが、紀勝長が延暦一四年に兼任したのは平安京東寺に係る造東寺長官であったことは西川新次氏によって既に考証されており、造東大寺司を延暦八年に廃されたと結論づける著者の史観は妥当だったといえよう。

　ところで著者が参考文献の筆頭に挙げる浅香年木氏『日本古代手工業史の研究』は、古代美術を生み出した工人全般についての研究書として現在も価値を失わない大著だが、浅香氏は現存する古代美術の作風・技法の美術史学的な検討を行おうとはしない。これは文献史学の立場を堅持する姿勢と評価もされるであろうが、造形や技法に目を向けない国史学の業績の中に、美術史学徒として首をかしげるものもあることは事実である（なお、浅香氏の著作を評していっているわけではない）。いっぽう武者小路氏は、国史学を専門としながら美術史学的視点を失わない、より端的に言えば、芸術に接した感動体験、美術を理解したいという情熱を出発点、かつ帰結点としていた人であり、そのため本書には一九八一年時点での美術史学の趨勢が色濃く反映されている。以下関連するその後の美術史学上の新知見・新説をいくつか紹介しよう。

「2　渡来した画工」に奈良・安居院釈迦如来坐像（飛鳥大仏）について「わずかに眼から頬のあたりにむかしの面影をとどめているのにすぎない」（本書五五～五六頁）とあるが、飛鳥大仏をめぐっては近年の蛍光X線分析・X線回折分析を踏まえて、眼から頬のあたりに留まらず、右こめかみ、右頬、鼻下から上唇にかけての鋲留めされた嵌金《はめがね》以外の面部が、肉髻《にっけい》の大半、地髪の正面髪際付近やそこに植えられた枘付螺髪《ほぞつきらほつ》とともに当初との見解が示されている。また飛鳥時代の作と判断された右手のおおむね上半と頭部の飛鳥時代部分との間に金属組成の差異があるといい、本書で著者が概括的に述べる飛鳥寺本尊像をめぐる議論が、四〇年の歳月を経て再燃しつつある。

また「5　造東大寺司の画工」（本書一二八～一二九頁）に記されるように著者は東大寺大仏の鋳造工程について銅座先鋳とするが、一八年間にわたる大仏調査及びその後の議論を経て一九九七年に刊行された『東大寺大仏の研究』（岩波書店）において、『七大寺巡礼私記』記載の銅座鋳造年代ならびに技術的知見から仏身先鋳・銅座後鋳と結論づけられて以降、この考え方が主流となっている。

ところで先述したように、「6　ある画工の軌跡」（本書一五九頁以下）は造東大寺司に属した画工、上楯万呂の事績を正倉院文書からたどる内容で、史料の検討を通じて、天平芸術を生み出した一人の生身の人間の姿を浮かび上がらせる、本書の眼目といって差し支えない章である。楯万呂の現在知られる最後の活動は、天平宝字六年（七六二）三月～八月の間の造石山院所における、石山院（現在の滋賀・石山寺）本尊塑造観音菩薩坐像・両脇侍神王像及び磯座の彩色であった。楯万呂はこの仕事の後半、増員された画師簣秦豊次らを監督しながら八月一二日に彩色を終えている。石山寺の当初の本尊像は承暦二年（一〇七六）の本堂火災で焼損し、現在の木造本尊像については（本書では一三世紀初めころに新造されたとするが）、永長元年（一〇九六）の石山寺供養までの一一世紀末の作とする見解が定説化している。承暦の火災では両脇侍像も大損傷を蒙ったものの、右脇侍像は近年までかろうじて塑像のまま遺されていた。二〇〇二年に右脇侍像の修理に際して同像安置直下の発掘調査を行ったところ、彩色を伴う塑像片が複数出土した。この塑像片は天平宝字当初のものとみられ、これにより現在は、断片的にではあるが楯万呂や豊次らの画技に直接接することが可能となっている。なお、原本が天平勝宝七歳（七五五）楯万呂も作画に参与した「戒堂所十五厨子所」に当たる可能性が指摘される「東大寺戒壇院厨子扉絵図像」は、現在奈良国立博物館に蔵されている。

解説の最後に、私的な思いを記すことをお許しいただきたい。筆者は学生時代和光大学の学籍を有しなかったが、本書の著者武者小路先生やゼミ員の方々のご厚意により、和光大学でのゼミナールや合宿、さらには仏像調査への参加や論集への寄稿までお許しいただいた。そこには在籍（出身）大学の如何を問わない人間同士の交流があり、ともすれば追及にはやる筆者を、武者小路先生は変わらない温容で受け止めてくださるのが常であった。ところで筆者はその後奈良教育大学に職を得たが、同僚の大山明彦氏のご慫慂によりNHKハイビジョン特集として放送された番組「東大寺　よみがえる仏の大宇宙」に監修者の一人として加わり、『東大寺大仏の研究』の筆者の一人、戸津圭之介氏らとの議論を通じて、天平創建時の東大寺大仏及び大仏殿内諸像の復元的考察を行ったことがあった（二〇〇六年）。大山氏は大仏殿内外の彩色復元を監修し、そこに復元大仏や他の諸像を配してコンピューターグラフィクス（CG）が完成したが、完成後に私を驚かせたのは、復元大仏殿内の天井や柱など全体が青を基調色とする、奈良をはじめ他の日本の古寺で体験したことのない色調だったことである。大山氏がその復元の重要な典拠とされた史料こそ、武者小路先生が本書「5　造東大寺司の画工」の「大仏殿の天井画」（本書一五五頁）にその内容を紹介する天平宝字二年（七五八）の「東大寺政所符」（名称は『大日本古文書』による）であり、大仏殿廂の天井ならびに須理板（＝文輪）等の彩色の料として、赤色顔料朱沙の二倍近い青色顔料金青が政所から送られたことが記されるのである。筆者の驚きは、実は読了したつもりであった本書の記載を内面化しイメージできていなかったがゆえであった。本書の解説の執筆を委ねられなければ、武者小路先生の思い描かれた創建期の東大寺大仏殿天井画の色彩が、大山氏によって一案として可視化されたのだったという脈絡を、お二人の近くにいながら終生見てとることはできなかったであろう。不敏さに恥じ入るばかりだが、武者小路先生は以前と変わらぬ微笑を湛えて筆者を見守ってくださっているように思う。先生の学恩に、あらためて感謝を捧げます。

［参考文献等］

青木和夫・稲岡耕二・笹山晴生・白藤禮幸校注『続日本紀』一～五（『新日本古典文学大系』一二～一七巻。一九八九～九八年、岩波書店）
大津市教育委員会編『石山寺境内遺跡発掘調査報告書』（『大津市埋蔵文化財調査報告書』三九。二〇〇六年二月）
大津市歴史博物館編『石山寺と湖南の仏像―近江と南都を結ぶ仏の道―』展図録（寺島典人編集・執筆。二〇〇八年七月）

笹山晴生・吉村武彦『続日本紀　索引年表』（『新日本古典文学大系』別巻。二〇〇〇年二月、岩波書店）
西川新次「造東寺長官・紀勝長について」（『佛教藝術』一一一号所収。一九七七年二月）
藤岡穣・犬塚将英・早川泰弘・皿井舞・三田覚之・八坂寿史・閔丙贊・朴鶴洙「飛鳥寺本尊銅造釈迦如来坐像（重要文化財）調査報告」（『鹿園雑集　奈良国立博物館研究紀要』一九号所収。二〇一七年七月）
前田泰次・西大由・松山鐵夫・戸津圭之介・平川晋吾『東大寺大仏の研究─歴史と鋳造技術─』（一九九七年二月、岩波書店）
DVD『東大寺　よみがえる仏の大宇宙』（二〇〇七年七月、NHKエンタープライズ）

（奈良教育大学教授）

武者小路 穣（むしゃこうじ　みのる）

1921年、奈良市に生まれる。

1943年、東京帝国大学文学部国史学科卒業。

明星学園高等学校教諭、和光大学人文学部教授を経て和光大学名誉教授。2010年逝去。

主著に『平家物語と琵琶法師』『絵巻―プレパラートにのせた中世』『改訂増補日本美術史』『地方仏』、石母田正共著『物語による日本の歴史』などがある。

天平芸術《てんぴょうげいじゅつ》の工房《こうぼう》

二〇二一年　九月一五日　初版第一刷発行

著　者　武者小路穣
発行者　西村明高
発行所　株式会社　法藏館
京都市下京区正面通烏丸東入
郵便番号　六〇〇-八一五三
電話　〇七五-三四三-〇〇三〇（編集）
〇七五-三四三-五六五六（営業）

装幀者　熊谷博人

印刷・製本　中村印刷株式会社

ISBN 978-4-8318-2627-5 C1121

法蔵館文庫既刊より

価格税別

さ-1-1
増補 いざなぎ流　祭文と儀礼
斎藤英喜 著
高知県旧物部村に伝わる民間信仰・いざなぎ流。中尾計佐清太夫に密着し、十五年にわたるフィールドワークによってその祭文・神楽・儀礼を解明。
1500円

キ-1-1
老年の豊かさについて
キケロ 著
八木誠一
八木綾子 訳
老人にはすることがない、体力がない、楽しみがない、死が近い。キケロはこれらの悲観的通念を吹き飛ばす。人々に力を与え、二千年読み継がれてきた名著。
800円

た-1-1
仏性とは何か
高崎直道 著
「一切衆生悉有仏性」。はたして、すべての人にほとけになれる本性が具わっているのか。日本仏教に根本的な影響を及ぼした仏性思想を明快に解き明かす。解説＝下田正弘
1200円

さ-2-1
アマテラスの変貌
中世神仏交渉史の視座
佐藤弘夫 著
童子・男神・女神へと変貌するアマテラスを手掛かりに中世の民衆が直面していたイデオロギー的呪縛の構造を抉りだし、新たな宗教コスモロジー論の構築を促す。
1200円

て-1-1
正法眼蔵を読む
寺田透 著
多数の道元論を世に問い、その思想の核心に迫った著者による「語る言葉（パロール）」と「書く言葉（エクリチュール）」の「講読体書き下ろし」の読解書。解説＝林　好雄
1800円

い-1-1

地獄

石田瑞麿著

古代インドで発祥し、中国を経て、日本へとやってきた「地獄」。その歴史と、対概念として浮上する「極楽」について詳細に論じた恰好の概説書。解説＝末木文美士

1200円

く-1-1

王法と仏法

中世史の構図

黒田俊雄著

強靭な論理力で中世史の構図を一変させ、「武士中心史観」にもとづく中世理解に鋭く修正を迫った黒田史学。その精髄を示す論考を収めた不朽の名著。解説＝平　雅行

1200円

な-1-1

折口信夫の戦後天皇論

中村生雄著

戦後「神」から「人間」となった天皇に、折口信夫はいかなる可能性を見出そうとしていたのか。折口学の深淵へ分け入り、折口理解の新地平を切り拓いた労作。解説＝三浦佑之

1300円

あ-1-1

禅仏教とは何か

秋月龍珉著

仏教の根本義から、臨済宗・曹洞宗の日本禅二大派の思想と実践までを体系的に叙述。難解な内容を、簡潔にわかりやすくあらわした入門書の傑作。解説＝竹村牧男

1100円

ほ-1-1

増補　宗教者ウィトゲンシュタイン

星川啓慈著

ひとつの孤独な魂が、強靭な理性と「神との和解」のはざまで悩みぬく。新発掘の二つの『日記』等をめぐる考察を縦横にもりこんだ、宗教学からの独創的アプローチ！

1000円

ア-1-1・2

評伝　J・G・フレイザー

その生涯と業績　上・下（全二冊）

R・アッカーマン著
小松和彦監修
玉井　暲監訳

大著『金枝篇』で世界に衝撃を与えた人類学者の画期的評伝。研究一筋の風変わりな日常から、出版をめぐる人間模様、悪妻とも評された妻との結婚生活まで。未公開書簡や日記も満載。

各1700円

い-2-1

アニミズム時代

岩田慶治著

森羅万象のなかにカミを経験する。その経験の場とは。アニミズムそしてシンクロニシティ空間論によって自然との共生の方法を説く、岩田アニミズム論の名著。解説＝松本博之

1200円

か-1-1

信長が見た戦国京都

城塞に囲まれた異貌の都

河内将芳著

同時代史料から、「町」が社会集団として成熟していくさまや、戦国京都が辿った激動の軌跡を尋ね、都市民らの視線を通して信長と京都の関係を捉え直した斬新な戦国都市論！

900円

や-1-1

宗教とは何か

現代思想から宗教へ

八木誠一著

理性と言語による現実把握の限界をどう超えるか。ニーチェの生の哲学から実存主義、さらには京都学派の哲学までを総覧し、現代人のための宗教に至る道筋を鮮やかに指し示す。

1300円

つ-1-1・2

平安人物志

上・下（全二冊）

角田文衞著

考古学と文献史学を駆使した角田の博識と推理が冴え渡る、41篇の人物伝。緻密な分析で、平安朝を生きた人々の数奇な生涯を鮮やかに描き出した、歴史的名著。解説＝山田邦和

各1700円

か-2-1

インド人の論理学

問答法から帰納法へ

桂紹隆著

インド人の思考法は、観察から法則を導き出す帰納法的思考であった。事実に基づく論証法がインドでどのように展開したのか。その淵源を仏教の縁起の教えに見出した名著。

1300円

た-2-1

悟りと解脱

宗教と科学の真理について

玉城康四郎著

徹底した禅定実践と学問研鑽によって仏道を求め、かくして到達したブッダの解脱に基づき、一切の枠組みを超えた真理を究明する。稀有の求道者の最後の書。解説＝丘山　新

1000円

さ-3-1

ブッダとサンガ
〈初期仏教〉の原像

三枝充悳 著

一人のブッダから多くの仏が生まれたのはなぜか。サンガはどのように成立したのか。仏教の根本問題を論旨明快な叙述で解きほぐす、恰好のインド仏教史入門。解説＝丸井　浩

1100円

し-1-1

ポストモダンの新宗教
現代日本の精神状況の底流

島薗　進 著

一九七〇年代以降に誕生・発展した「新新宗教」の特徴を読み解き、「新新宗教」を日本・世界の宗教状況とリンクさせることで、現代宗教論に一つの展望を与えた画期的試み。

1200円

や-2-1

〈方法〉としての思想史

安丸良夫 著

安丸史学が対峙し、目指したものとは――。自身の研究や経験を回顧した論考・時評等を中心に収め、その思想的格闘の軌跡を示した歴史学徒必読の名著。解説＝谷川　穣

1300円

ア-2-1

英国の仏教発見

フィリップ・C・アーモンド 著
奥山倫明 訳

19世紀の英国人らによる仏教表象を分析し、西洋近代において、仏教が称賛や蔑視を交えながら「創造」されていく過程を、オリエンタリズムと宗教をめぐる観点から解明。

1300円

か-1-2

改訂 祇園祭と戦国京都

河内将芳 著

創作物を通じて戦国期の祇園祭に託された「権力に抵抗する民衆の祭」というイメージは実態に合うものなのか。イメージと史実を比較し、中世都市祭礼・祇園祭の実像に迫る。

1000円

ブ-1-1

儀礼と権力　天皇の明治維新

ジョン・ブリーン著

日本の「近代」創出に天皇がはたした身体的役割とは何か。天皇はいかにして「神話の体現者」となったのか。従来とは異なる儀礼論的アプローチから迫ったユニークな試み。

1300円

も-1-1

梁の武帝

仏教王朝の悲劇

森三樹三郎著

皇帝菩薩と呼ばれた武帝の餓死、王朝の滅亡は、仏教溺信が招いた悲劇だったのか。類い稀な皇帝のドラマチックな生涯とその時代の精神を描出した不朽の傑作。解説＝船山　徹

1000円

む-1-1

天平芸術の工房

武者小路穣著

正倉院や東大寺をはじめとする花やかな天平芸術の創造にたずさわった工人たちの盛衰を明らかにしていくなかで、古代国家の文化の形成基盤の全体像を考察。解説＝山岸公基

1200円

法藏館既刊より

室町時代の祇園祭　河内将芳著
長い祇園祭の歴史上最も盛大であった室町期の祭に注目し、その内実と特質を解明する。
1800円

京都地蔵盆の歴史　村上紀夫著
京都の夏の風物詩・地蔵盆の展開過程を解明し、都市京都における位置づけを問うた初の書。
2000円

自然に学ぶ　白川英樹著
生活に密着した学びが創造性、好奇心、洞察力などを育む。ノーベル賞受賞者のエッセイ集。
1200円

最古の世界地図を読む　『混一疆理歴代国都之図』から見る陸と海　村岡倫編
最新の技術でよみがえった『混一疆理歴代国都之図』を分析し、当時の人々の世界認識に迫る。
3200円

本願寺教団と中近世社会　草野顕之編
大名権力が脅威に感じつつも頼らざるをえなかった真宗の存在の種々相に迫る。
3500円

お迎えの信仰　往生伝を読む　梯信暁著
命終時に現れた不思議な現象の記録「往生伝」を現代語訳し、お迎え信仰の実態に迫る。
1600円

価格税別